A MANDALA ALQUÍMICA

Enquadrando o Círculo
Emblema 25 da *Atalanta Fugiens*
De Michael Maier

Adam McLean

A MANDALA ALQUÍMICA

Um Estudo sobre a Mandala nas Tradições Esotéricas Ocidentais

Tradução
Júlio Fischer

Editora
Pensamento
SÃO PAULO

Título do original: *The Alchemical Mandala – A Survey of the Mandala in the Western Esoteric Traditions.*

Copyright © 1989 by Adam McLean.

Publicado mediante acordo com Red Wheel/Weiser, por meio da Yañez, parte da International Editor's Co. S.L. Literary Agency.

Copyright da edição brasileira © 2023 Editora Pensamento-Cultrix Ltda.

2ª edição 2023.

Obs.: Este livro não pode ser exportado para Portugal, Moçambique, Angola, Cabo Verde, Guiné Bissau e São Tomé e Príncipe.

Todos os direitos reservados. Nenhuma parte desta obra pode ser reproduzida ou usada de qualquer forma ou por qualquer meio, eletrônico ou mecânico, inclusive fotocópias, gravações ou sistema de armazenamento em banco de dados, sem permissão por escrito, exceto nos casos de trechos curtos citados em resenhas críticas ou artigos de revistas.

A Editora Cultrix não se responsabiliza por eventuais mudanças ocorridas nos endereços convencionais ou eletrônicos citados neste livro.

Editor: Adilson Silva Ramachandra
Gerente editorial: Roseli de S. Ferraz
Preparação de originais: Marie Romero
Gerente de produção editorial: Indiara Faria Kayo
Editoração Eletrônica: Join Bureau
Revisão técnica e legendas das imagens: Adilson Silva Ramachandra
Revisão: Luciane Gomide

Dados Internacionais de Catalogação na Publicação (CIP)
(Câmara Brasileira do Livro, SP, Brasil)

McLean, Adam
 Mandala alquímica: um estudo sobre a mandala nas tradições esotéricas ocidentais / Adam McLean; tradução Júlio Fischer. – 2. ed. – São Paulo: Editora Pensamento, 2023.

 Título original: The alchemical mandala: a survey of the mandala in the western esoteric traditions.
 ISBN 978-85-315-2317-5

 1. Alquimia 2. Esoterismo 3. Mandala I. Título.

23-164964 CDD-133.44

Índices para catálogo sistemático:

1. Mandalas: Ciências ocultas 133.44
Eliane de Freitas Leite – Bibliotecária – CRB 8/8415

Direitos de tradução para o Brasil adquiridos com exclusividade pela
EDITORA PENSAMENTO-CULTRIX LTDA., que se reserva a
propriedade literária desta tradução.
Rua Dr. Mário Vicente, 368 – 04270-000 – São Paulo – SP – Fone: (11) 2066-9000
http://www.editorapensamento.com.br
E-mail: atendimento@editorapensamento.com.br
Foi feito o depósito legal.

SUMÁRIO

Nota do editor.. 8

Introdução.. 9

    A Mandala Enquanto Manifestação Artística Negligenciada........... 12

    O Conteúdo Simbólico das Mandalas................................. 13

    O Trabalho Interior com as Mandalas................................ 18

    Um Primeiro Nível de Trabalho: A Espiritualização
        do Pensamento... 19

    O Trabalho de Meditação com as Mandalas........................... 20

    A Meditação do Ovo Interior.. 21

    Um Segundo Nível de Trabalho: Mandalas como
        Portais Internos... 23

    Um Terceiro Nível de Trabalho: A Mandala como
        Jornada Interior.. 25

Ilustrações e Comentários

    Mandala 1 — O *V.I.T.R.I.O.L* (Vitríolo): **V**isita **I**nteriora **T**errae
        Rectificando **I**nvenies **O**ccultum **L**apidem........................ 35

Mandala 2 – *O Mercúrio Filosofal e o Mar dos Sábios* 39

Mandala 3 – *Rebis*, ou a Grande Obra Alquímica 43

Mandala 4 – *O Homem Andrógino*, ou o *Divino Hermafrodita Alquímico* 47

Mandala 5 – *Macrocosmo e Microcosmo* 51

Conjunto de Mandalas 6 – *Cabala, Speculum Artis et Naturae in Alchymia* 55

        Lâmina Um: *O Espelho da Arte e da Natureza* 55

        Lâmina Dois: *O Início: Exaltação* 58

        Lâmina Três: *O Meio: A Conjunção* 61

        Lâmina Quatro: *O Fim: A Multiplicação* 64

        O Conjunto Visto como uma Totalidade................ 64

Mandala 7 – O *V.I.T.R.I.O.L.*, da obra *Viridarium Chymicum* 69

Mandala 8 – *A Roda de George Ripley* 73

Mandala 9 – *A Natureza Tríplice da Alquimia* 79

Conjunto de Mandalas 10 – *Três Representações com os Principais Símbolos da Alquimia Dispostos em Ordem Decrescente* 81

        Mandala A – *Emblema de Heinrich Kuhdorfer*............... 81

        Mandala B – *Insígnia de Heinrich Kuhdorfer*.................. 84

        Mandala C – *Alquimia e a Pedra Filosofal* 87

Mandala 11 – *Árvore da Alma* 93

Mandala 12 – *O Templo de Pansofia* 97

Mandala 13 – *A Nona Chave de Basilio Valentim* 101

Mandala 14 – *Plumbum Philosophorum* 105

Mandala 15 – *Diagrama das* Sephiroth *Representando o Opus Magnum em um Contexto Universal* 109

Mandala 16 – *A Montanha dos Filósofos* 117

Mandala 17 – *Frontispício da obra Aurum Hermeticum* 123

Mandala 18 – *As Propriedades dos Sete Planetas ou Espíritos das Origens* 127

Mandala 19 – *Xilogravura do Século XIII Representando o Sapo como Parte da* Prima Materia *na Raiz da "Árvore Alquímica"*.... 131

Mandala 20 – *Fronstispicio da Obra Mysterium Magnum, de Jacob Boehme* 135

Mandala 21 – *Árvore da Vida Alquímico-Cabalista* 139

Mandala 22 – *Os Estágios da Criação do Mundo* 149

Mandala 23 – *Diagrama Mágico do Século XVI ou XVII. Registro de um Trabalho Ritualístico* 153

Mandala 24 – *Síntese de Símbolos Alquímicos e Cristãos* 161

Mandala 25 – *"Regeneração", "O Círculo da Vida Humana" e "A Gruta das Ninfas"* 169

Mandala 26 – *O Dragão do Caos* 175

Mandala 27 – *Mundus Elementaris* 179

Mandala 28 – *Folha de Rosto da Tradução Francesa da Obra* Hypnerotomachia Poliphili *(Batalha de Amor em Sonho de Polifilo)* 181

Mandala 29 – **Lâmina um:** *Concepção Hermética do Cosmos.* **Lâmina dois:** *A Natureza Cósmica dos Metais: Cadeia de Analogias dos Planetas aos Órgãos, mas Também dos Seres Angélicos aos Metais – as Respectivas Atribuições* 185

Mandala 30 – *A Cruz Filosófica, ou Planta do Terceiro Templo, a Partir da Ilustração de Éliphas Lévi* 191

NOTA DO EDITOR

Este estudo clássico sobre o conhecimento simbólico contido em numerosas figuras alquímicas foi lançado pela Editora Pensamento no final dos anos 1990, e até hoje permanece como uma das melhores introduções sobre o assunto já editadas em nosso idioma.

Nesta nova edição revista, fizemos algumas modificações para ampliar as informações trazidas originalmente pelo autor, como um novo – e detalhado – sumário, no qual estão descritas as 30 mandalas contidas na obra, bem como notas e legendas para cada uma delas sobre suas origens, com descrições minuciosas de partes herméticas não abordadas anteriormente por Adam Mclean, incluindo fontes sobre as publicações originais, locais onde foram impressas, as primeiras edições que as continham etc.

Dessa forma, a presente edição se torna mais completa e didática, tornando-a uma excelente fonte de pesquisa sobre o simbolismo alquímico da mandala no Ocidente, para estudantes de ciências herméticas, alquimia, magia, além de interessados em seus aspectos ocultos, que se manifesta em imagens do inconsciente, seja no coletivo ou no individual, e também para estudantes de psicologia junguiana, que podem utilizar os materiais pictóricos contidos neste livro para exercícios de imaginação ativa e análise de sonhos.

– Adilson Silva Ramachandra

INTRODUÇÃO

*"Mandalas? Ah! Aqueles estranhos diagramas
budistas pintados em cores vibrantes!"*

As mandalas se tornaram conhecidas pelos ocidentais em épocas recentes, pelo seu interesse nesses materiais esotéricos e espirituais orientais e pela publicação deles. O termo *mandala* provém de uma palavra sânscrita cujo significado é "círculo", sendo, desse modo, aplicada aos diagramas espirituais ou metafísicos dispostos nesse formato.

Aqueles que têm estudado o esoterismo ocidental profundamente se dão conta de que as "mandalas" também estão presentes no cerne dessa tradição, sobretudo no que diz respeito à tradição hermética. Essas mandalas ocidentais, entretanto, são muito mais obscuras, motivo pelo qual têm sido negligenciadas. Não possuem vinculada a elas a aura do "Oriente místico" que os ocidentais, nos últimos tempos, muitas vezes enxergam de maneira romântica como a única fonte legítima de *insight* espiritual. Porém, carregam em si um profundo sistema de sabedoria sagrada, correspondente àquele encontrado nas tradições orientais. Este livro pretende chamar a atenção do leitor à tradição da mandala ocidental e fornecer esclarecimentos e comentários detalhados em uma série de exemplos dessas mandalas. Esperamos que a análise delas, aqui apresentada, ajude as pessoas a obter acesso ao complexo simbolismo presente nas mandalas ocidentais. Grande parte desse material simbólico provém da alquimia, da cabala e dos sistemas de memórias herméticos, que, em um primeiro momento, podem ser bastante opacos e obscuros para o leitor; mas presumo que os comentários ajudem a tornar esse simbolismo mais claro e revelem as formas interiores de cada uma dessas mandalas.

Muitas das imagens aqui reproduzidas foram extraídas de livros de emblemas, manuscritos de alquimia e ilustrações para escritos Rosa-cruzes dos séculos XVI, XVII e XVIII. Existe nesse material uma riqueza ainda inexplorada e que deve ser trazida à luz, tendo em vista que contém, de maneira altamente sintética e codificada, a essência da tradição esotérica ocidental. Descobriremos que os símbolos entrelaçados nessas figuras ainda falam diretamente à nossa alma nos dias de hoje. Espero que o leitor sensível se sinta inspirado e encorajado por este livro a trabalhar mais profundamente com essas mandalas, encontrando, também, o ouro espiritual que pode ser conquistado por meio da contemplação desses emblemas e da meditação sobre eles.

Embora fosse um exercício útil e valioso estabelecer os paralelos, sem dúvida existentes, entre as mandalas orientais e as que encontramos em nossa tradição ocidental, não possuo o conhecimento das tradições orientais necessário para tal empreitada, de modo que este livro enfocará, quase exclusivamente, os sistemas ocidentais. Seria motivo de grande satisfação para mim se algum outro autor, fundamentado em ambas as tradições, pudesse contribuir com um texto acerca dos paralelos existentes, o que nos proporcionaria outro nível de entendimento dessas enigmáticas e misteriosas estruturas simbólicas.

Em épocas recentes, foi principalmente por intermédio do trabalho do psicólogo Carl G. Jung (1875-1961) que o simbolismo das mandalas ocidentais se fez acessível. Jung observou uma relação entre o material simbólico que surge espontaneamente nos sonhos de pessoas atravessando crises interiores e os estranhos símbolos encontrados nos escritos e emblemas alquímicos. Ele veio a perceber que a estrutura da psique é formada em torno de determinados "arquétipos" ou constelações de símbolos, e que as raízes fundamentais desses arquétipos alcançam as profundezas do inconsciente coletivo da humanidade, estando assentadas na psique desde tempos imemoriais.

Desse modo, Jung enxergava a tradição alquímica dos séculos XIII ao XVIII como uma espécie de monumento psíquico ancestral e, tal qual um arqueólogo, passou a escavar esse monte de material simbólico descendo pelas camadas da psique pertencentes ao passado, com o intuito de encontrar novos *insights* para o entendimento daquilo que opera, atualmente, em nossa alma. Para Jung, não havia contradição em buscar explicar a fonte e a energética dos conflitos da psique do século XX como estando conectadas na *prima materia* (os símbolos das alquimias medieval e renascentista).

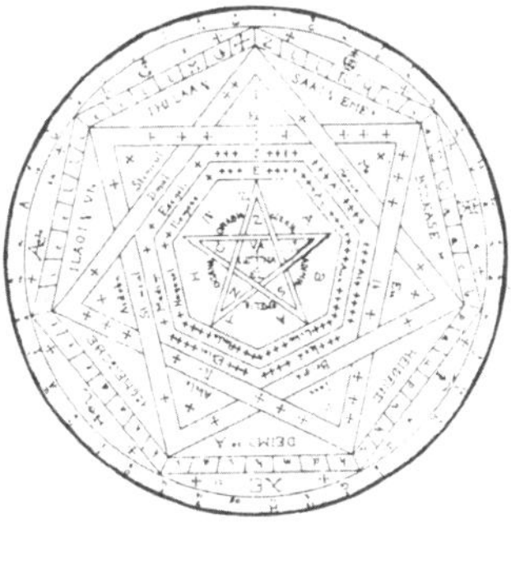

De certa forma, esses alquimistas foram pioneiros, pessoas abertas a seus mundos interiores, que "projetaram" suas percepções internas em símbolos externos, encontrando, assim, uma linguagem universal, transcendendo palavras a fim de transmitir suas experiências da arquitetura da alma. Assim, se revertermos o processo, tomando os símbolos dessas mandalas alquímicas, absorvendo-os em nossa alma, integrando-os, tecendo-os dentro de nosso íntimo, poderemos recapitular as percepções dos alquimistas, tocando-as e repetindo suas profundas experiências interiores. Essas mandalas, portanto, longe de serem remanescentes interessantes e encantadores de uma antiga tradição medieval, podem ser vistas como chaves que abrem os mistérios da arquitetura da alma. Optando por abordá-las dessa maneira, elas poderão nos conduzir com profundidade aos mistérios de nosso mundo interior.

A Mandala Enquanto Manifestação Artística Negligenciada

As mandalas ocidentais são também negligenciadas quanto ao seu papel de fontes de inspiração para artistas e escritores. Há muito se sabe que diversos artistas estão ligados a grupos esotéricos ou que, de alguma maneira, recorreram, mesmo que superficialmente, a ideias esotéricas. Os artistas precisam estar abertos para os impulsos de suas almas e suas fontes de inspiração, de modo que não deve causar surpresa o fato de alguns dentre eles procurarem um aprofundamento, chegando a investigar as tradições e doutrinas acerca da alma e do mundo espiritual. Determinados artistas, portanto, chegaram a trabalhar com a corrente de ideias esotéricas subjacentes às mandalas ocidentais; temos de reconhecer, por exemplo, a obra de Hieronymus Bosch e Jan Van Eyck (criador do "Retábulo de Ghent", em especial o painel conhecido como "Adoração do Cordeiro Sagrado") como elaboradas mandalas.

Podemos encontrar vestígios dessa tradição, identificando-a desde o Teto da Capela Sistina de Michelangelo, passando pelas pinturas e gravuras de William Blake, chegando à arte surrealista de nosso século, em que novamente as ideias esotéricas presentes nessas mandalas encontram expressão em um movimento artístico.

Podemos recuar ainda mais no tempo e encontrar mandalas inseridas na arquitetura sacra, sobretudo nas janelas em forma de rosácea das catedrais góticas, em que a arte da mandala atinge um profundo e tocante entrelaçamento de cores e formas. Mesmo os antigos círculos de monolitos e madeira podem ser vistos como mandalas de grandes dimensões, desenvolvidas na superfície da Terra pelos nossos ancestrais distantes.

Existem, penso eu, aspectos da arte ocidental que se mantêm obscuros enquanto não olharmos para essas obras com conhecimento das ideias trabalhadas nas tradições esotéricas implícitas nessas mandalas. A profunda influência do simbolismo esotérico nessas obras de arte não tem sido adequadamente reconhecida, sendo, de fato, a arte da mandala ocidental negligenciada quase por completo. O inspirado senso de organização, a economia de linhas e a maestria do acabamento que fazia parte das gravuras do século XVII da Escola de gravadores e tipografia de Oppenheim-Frankfurt, como Théodore de Bry, Mattäus Merian, o Velho, e outros, raramente são comentados pelos historiadores da arte; na verdade, as mandalas alquímicas, herméticas ou mágicas ainda estão por ser reconhecidas como relevantes influências na história da arte ocidental. Portanto, ainda que deixemos de lado as implicações esotéricas em si, considero essas mandalas um aspecto importante, embora negligenciado, da história da arte e que exige – na verdade, clama – a atenção dos estudiosos e historiadores da arte ocidental.

O Conteúdo Simbólico das Mandalas

As ideias filosóficas e esotéricas implícitas nessas mandalas são derivadas da tradição

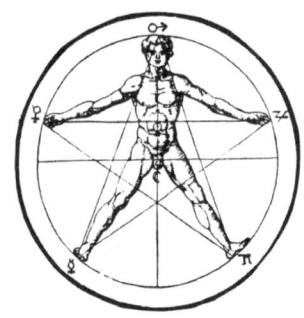

hermética. Seria necessário um livro extenso para, de fato, documentar de maneira adequada essas ideias, porém muitas delas são, em grande medida, explicadas nos comentários de cada lâmina. Esses comentários foram organizados para formar, sequencialmente, um quadro das ideias que trabalham por trás das mandalas ocidentais. Encontramos nelas, por exemplo, um intrincado SIMBOLISMO NUMÉRICO, muitas vezes expresso, de maneira simultânea, em FORMAS GEOMÉTRICAS:

a UNIDADE: a totalidade e a soma de tudo; o ponto situado no centro da mandala, em torno do qual todos os símbolos são constelados;

a DUALIDADE: as polaridades entre masculino e feminino, céu e terra, consciente e inconsciente; ambas as polaridades horizontais e verticais;

a TRIPLICIDADE: os Três Princípios, o Sal, o Enxofre e o Mercúrio; a Trindade e suas múltiplas manifestações; o terceiro ponto do triângulo enquanto resolução das polaridades;

a QUATERNIDADE dos Quatro Elementos; a solidez do quadrado; os quatro animais arquetípicos: o Leão, o Touro, a Águia e o Homem;

o QUÍNTUPLO, os quatro elementos que, acrescidos da quintessência, formam o pentagrama;

o SÊXTUPLO, a estrela de seis pontas, o Selo de Salomão, os triângulos interligados apontados para cima e para baixo;

os SETE planetas;

o OCTUPLO, duplo quaternário;

as NOVE hierarquias de Anjos;

as DEZ *Sephiroth*;*

os DOZE signos do zodíaco.

Temos ainda, em outra vertente, os ANIMAIS SIMBÓLICOS como leões, touros, dragões e serpentes, e os PÁSSAROS SIMBÓLICOS familiares na alquimia, como a fênix, o corvo negro, o pavão de cauda fulgurante, o pelicano, o cisne branco e o pombo, todos imbuídos de significados precisos.

Há outros SÍMBOLOS DE PLANTAS: raiz, folha, flor e semente, cada qual possuindo significados definidos, enquanto a árvore é muitas vezes adotada como uma forma arquetípica na mandala. OBJETOS SIMBÓLICOS, tais como: vasos, copos e cálices e os espaços delimitados de frascos e retortas, serão reconhecidos como portadores de diferentes significados, enquanto os aparatos de destilação, frascos e reservatórios dão, por vezes, um significado adicional às operações no interior dos recipientes. Outros objetos com significados especiais são: orbes e cetros, coroas, espadas, altares, fontes e montanhas. Também aparecem as FIGURAS HUMANAS SIMBÓLICAS. Os arquétipos do Rei e da Rainha estão presentes com frequência, embora possam ter significados diferentes conforme o contexto das diversas mandalas. O Ancião é um símbolo importante, normalmente associado a um renascimento como Jovem Príncipe ou Cavaleiro. O esqueleto humano também aparece como símbolo da *nigredo* que antecede ao renascimento e que é essencial para a transformação.

---

* Na cabala, as emanações que constituem os atributos da manifestação divina. (N. do T.)

Esse material simbólico também figura na tradição hermética sob a forma das alegorias alquímicas. Elas consistem em histórias nas quais a figura central é conduzida por meio de um processo de transformação representado como uma jornada, ao longo do qual se defronta e interage com símbolos que nos são familiares nas mandalas: leões, serpentes, montanhas, castelos, reis e rainhas, coroações e mergulhos em fontes, mortes e metamorfoses. Certas alegorias, como *Hypnerotomachia Poliphili (Batalha de Amor em Sonho de Polífilo)*, *As Núpcias Alquímicas de Christian Rosenkreutz*, a obra *Parábola*, de Henricus Madathanus e a alegoria da fonte de Bernardo de Treviso, constituem outra forma de trabalhar com esse material simbólico, possivelmente uma maneira mais quadrimensional, por envolver a passagem do tempo, podendo, dessa maneira, expressar a transformação de um modo diferente das mandalas, que são mais estáticas no tempo.

Trata-se de um material simbólico elaborado e profundo, que se encontra presente na base da psique ocidental. Não é de estranhar o fato de que o trabalho com esses símbolos pode ser, inicialmente, perturbador e inquietante, no entanto, supera-se isso e chega-se a uma consciência do poder transformador desses símbolos. O indivíduo descobrirá que é melhor não trabalhar com eles de maneira isolada, mas os experienciar na estrutura da mandala. Os iniciados herméticos que criaram tais figuras elaboraram cuidadosamente cada mandala com intuito de equilibrar as energias dos símbolos individuais. Elas, assim, personificavam um modo de trabalhar com esses arquétipos poderosos e polarizados, decifrando e sintetizando suas energias. A mandala apresenta as energias desses símbolos em um equilíbrio bastante criterioso, sendo que o belo sentido de uma composição integrada da força simbólica deve nos advertir contra a supressão da mandala e o trabalho com fragmentos simbólicos, ou a tentativa de criar nossas próprias mandalas antes de compreendermos plenamente as forças que operam por trás de suas formas. Devemos respeitar a beleza interior e a totalidade da arquitetura simbólica das mandalas.

Procurei ser o mais cauteloso possível na análise de cada símbolo, para contrastá-lo com os demais símbolos com os quais ele é constelado, mantendo, assim, um sentido de síntese entre o símbolo e o espaço total da mandala. Os comentários, portanto, não constituem uma mera análise intelectual, mas ensaios de análise e síntese dos símbolos, o "*solve et coagula*", "*separatio et conjunctio*", a dissolução e a coagulação, a separação e a reunião, empregadas como exercício pelos alquimistas medievais. Os comentários pretendem formar uma base para o trabalho interior com as mandalas.

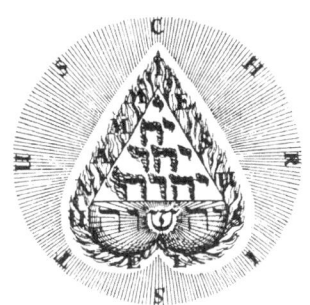

De um modo geral, as mandalas apresentam uma forma circular com um ponto central definido em torno do qual o simbolismo é constelado, com a presença de um senso de tensão dinâmica entre o centro e a circunferência. O centro deverá estar, em certo sentido, vazio: um espaço receptivo para o qual nossa consciência possa fluir e resolver as tensões e polaridades inerentes aos símbolos dispostos em torno desse ponto.

Contudo, a circularidade não é imperativa, de maneira que diversas mandalas apresentam uma forma quadrangular. Nas tradições ocidentais, por meio da influência dos sistemas herméticos de memória, foram concebidas outras formas arquetípicas de mandala. Estas incluem: as ÁRVORES, com

os vários símbolos que compõem a mandala dispostos em forma de árvore, com raízes, troncos, galhos e folhas; os TEMPLOS, em que o simbolismo é formado por meio dos traços arquitetônicos de um edifício; ou as MONTANHAS SAGRADAS, nas quais os símbolos são colocados num caminho em espiral que contorna uma montanha de iniciação até o seu cume. Esse grupo de mandalas é polarizado verticalmente, possuindo uma base e um topo definidos, além de um caminho de transformação conduzindo desde um estado inicial do ser até um objetivo final. Embora não sejam circulares, elas trabalham de modo semelhante às demais mandalas e, a meu ver, devem ser incluídas nessa denominação. Algumas representam uma transformação do inferior para o superior, ao passo que outras, nessa categoria, refletem um encontro e uma inter-relação entre o que está em cima e o que está embaixo, em um aterramento do espírito difuso.

O Trabalho Interior com as Mandalas

Conforme já indiquei anteriormente, as mandalas reproduzidas podem ser vistas como chaves para um entendimento da psique. Na verdade, devemos reconhecê-las como tríplices – como CHAVES, como PORTAIS e como CAMINHOS para o nosso reino espiritual interior. Consequentemente, o trabalho com as mandalas deve ser realizado em três níveis.

Jung reconheceu o componente psíquico do material simbólico contido nessas mandalas e aplicou suas descobertas ao reino da psique, no âmbito da psicoterapia, para a cura da alma. Embora seu trabalho contenha dimensões sociais, filosóficas, históricas e espirituais mais profundas, ele não pôde investigar essas facetas até seus limites. É meu propósito indicar aqui algumas maneiras práticas de trabalhar com as mandalas em meditação como recurso de transformação espiritual.

Um Primeiro Nível de Trabalho: A Espiritualização do Pensamento

Temos que começar pela contemplação da mandala específica que escolhemos, observando-a atentamente e procurando entender, por meio do nosso intelecto, todos os símbolos, números e formas geométricas intrínsecos à figura escolhida. O leitor deve estudar atentamente o comentário, procurando encontrar outras ramificações que eu possa ter negli-

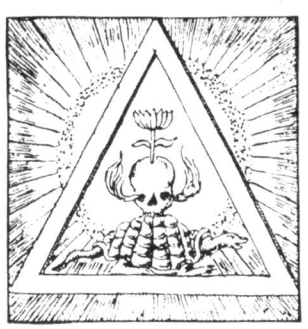

genciado ou não encontrado espaço para serem exploradas em detalhe. A compreensão meramente passiva não levará o indivíduo muito longe, porém cada ato de pensamento criativo sobre a mandala, cada nova descoberta e percepção original, abrirá um caminho de reflexões interiores acerca do símbolo, como o girar de uma chave. Assim, não escrevi os comentários para serem exaustivos, mas para que na exploração de outros sistemas simbólicos cheguemos ao aprendizado e discernimento; de fato, sempre sugiro caminhos para outros aprofundamentos. Será útil, nesse estágio, trabalhar de forma artística com as mandalas, caso o indivíduo tenha habilidade para tanto. Alguém, por exemplo, poderá redesenhar a mandala em um estilo diferente, ou, talvez, acrescentar cor aos símbolos dela, de zmaneira esotericamente adequada, como, por exemplo, adotando as cores elementais ou planetárias, ou, ainda, empregando cores complementares para os dois símbolos de determinada polaridade. Acredito ser de valor inestimável viver constantemente com esses emblemas em meu ambiente, nas paredes de meu escritório, na cozinha ou no quarto. Somos recompensados de maneira contínua com alguma nova descoberta.

Esse primeiro estágio consiste em uma experiência da mandala enquanto CHAVE para abrir os símbolos no interior do indivíduo. Por meio de um estudo aprofundado das mandalas, nosso pensamento torna-se mais espiritualizado e aberto para trabalhar com o material simbólico. Do ponto de vista esotérico, esse estágio envolve a tecedura da substância simbólica da mandala no nosso corpo etérico, por intermédio do uso criativo do pensamento. Alguns se deterão nesse estágio, e o considerarão valioso só por possuir essa chave interior; outros, todavia, preferirão seguir adiante e utilizar-se das mandalas em meditação. Ali elas se revelarão como PORTÕES ou PORTAIS para a espiritualização dos sentimentos da pessoa.

O Trabalho de Meditação com as Mandalas

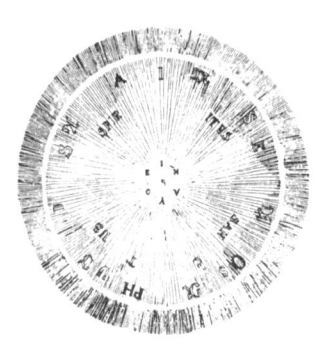

Esse estágio só pode ter início quando você já trabalhou o primeiro nível e dominou a mandala enquanto chave interior incorporada ao tecido etérico do seu ser. Caso não tenha feito o trabalho intelectual necessário, sua meditação poderá ter um resultado interessante e agradável, mas terá pouco poder para alterar e transmutar as energias que fluem da sua alma. Ao meditar sobre uma mandala, é necessário conhecê-la por completo e ter noção de sua estrutura, de suas polaridades e conteúdo simbólico. Não devemos nos dedicar a essa meditação quando estamos muito cansados – um erro comum, embora compreensível, dos iniciantes, é começar a meditar a altas horas da noite ou na cama, antes de dormir. Não há a menor necessidade de posturas ou de posições especiais. Essas meditações envolvem o estabelecimento de um relacionamento íntimo com a alma, e não uma experiência de padrões de energia nos corpos físico e etérico (como no caso das *asanas* do yoga e de determinados exercícios ocidentais de magia), de modo que a postura só é importante no sentido de garantir ao praticante uma sensação de conforto. Cada um encontrará sua forma pessoal de equilibrar as próprias energias: alguns preferem se sentar eretos numa cadeira, outros, colocar-se na posição oriental de "lótus" ou de pernas cruzadas, enquanto outras pessoas descobrem que reclinar-se em uma poltrona ou estirar-se no chão ou em uma cama é o melhor. O importante é estar confortável, sentindo-se capaz de permanecer tranquilamente em uma mesma posição, sem a incidência de câimbras, tensões musculares e outros desconfortos que podem interferir no trabalho interior do indivíduo.

Tendo vivenciado e encontrado uma posição apropriada, além de um lugar em que não seja perturbado durante aproximadamente uma hora, você pode dar início a cada sessão com um breve exercício que o transportará para o seu espaço interior. Trata-se do exercício do Ovo ou da Retorta Interior.

A Meditação do Ovo Interior

Ao iniciar a prática desse exercício, explore as maneiras nas quais o seu ser interior se conecta com o mundo exterior. Acompanhe o movimento de sua consciência, isto é, quando ouvir um ruído, sinta sua consciência expandindo-se até a fonte daquele som e depois voltando para dentro. Permita-se estar consciente de sua postura corporal, talvez, de algum desconforto, percebendo, pelo tato, de que modo você se relaciona com o mundo físico; permita, então, que sua consciência se retire e procure acompanhar essa sensação do voltar-se para dentro. Dê prosseguimento a essa prática por meio de todos os sentidos, usando os impulsos que chegam pelos seus órgãos sensoriais de uma maneira natural. Não procure forçar ou reprimir essas realidades, mas as acompanhe em seu trajeto de expansão para fora e permita-se retornar para dentro. Você começará a sentir uma consciência cada vez maior do relacionamento entre o seu ser interior e sua percepção, e quando essa consciência se elevar de modo natural na meditação, comece a formar interiormente uma imagem dessa consciência como um Ovo ou um Frasco-Retorta.

Imagine o seu ser como um frasco. O mundo exterior pode penetrar apenas através das paredes desse frasco, a casca do ovo. Deixe que sua consciência olhe para fora, pelas paredes do frasco para dentro do mundo dos sentidos, mantendo sua capacidade de retornar para seu interior, para o ovo de sua alma.

Com o transcorrer da meditação, você se defrontará com o aparecimento, absolutamente natural, de imagens repentinas, pensamentos desconexos e preocupações cotidianas. Não procure reprimir essas manifestações ou desviar sua consciência durante o exercício, mas permita que, uma por vez, cada uma delas se desenvolvam, cresçam até suas materializações e depois se dissolvam com o dissipar de suas energias.

Essas imagens e impulsos emocionais têm origem no nosso inconsciente e representam a energia bruta da nossa vida interior, a base da nossa existência. Imagine isso, na meditação, como o mais recôndito conteúdo do frasco ou ovo, uma profunda escuridão interior da qual tais impulsos emergem de maneira inconsciente. Permita que o seu ser mergulhe interiormente, penetrando os conteúdos interiores do frasco e retornando, então, à superfície.

Em seguida, você deverá começar a reunir as partes desse exercício, imaginando o seu ser como o ovo ou retorta, uma fronteira dinâmica entre a multiplicidade da percepção exterior e a incessante atividade interior inconsciente. Nesse exercício meditativo, sua alma tocará os dois oceanos nos quais o seu ser não possui nenhuma base sólida, e, por meio desse toque interior, começa a contatar a terra firme da alma, existente entre esses dois mundos. Desse modo, você começará a criar um espaço interior, um espaço no qual poderá trabalhar seguramente com a alma.

Um Segundo Nível de Trabalho: Mandalas como Portais Internos

Você deverá começar a prática da meditação do Ovo Interior por si só e, uma vez familiarizado com ela, utilizá-la como uma meditação de abertura e fechamento para o seu trabalho interior com as mandalas. Toda vez que meditar, coloque-se nesse espaço interior e seguro, começando, então, a construir em imagens a forma da mandala com a qual você optou trabalhar. Visualize a mandala como um painel ou porta colocada diante de você. À medida que a sua consciência for alterando e perdendo a imagem, procure reter alguma estrutura fundamental da mandala a partir da qual possa reconstruir os símbolos. Será preciso trabalhar arduamente no início para sustentar a imagem interior. Com o tempo e a prática, isso se tornará um pouco mais fácil, à medida que você for solidificando a estrutura da imagem interior e simbólica da sua consciência. Na verdade, as dificuldades iniciais são bem-vindas, uma vez que indicam a deflagração interior de um processo de aprendizado. Todavia, não se deve sobrecarregar a consciência para tentar sustentar interiormente a mandala por um período muito prolongado. Inicialmente, alguns minutos serão o suficiente, e, caso, com o tempo, você consiga manter a mandala interiormente sem que ela se desvaneça ou saia muitas vezes do foco da atenção durante um período de cinco minutos, o trabalho foi bem-sucedido. Você descobrirá, nesse estágio, que os símbolos se transformam com frequência de forma espontânea, chegando até mesmo a se revelar. É preciso adentrar essa experiência de maneira consciente.

Uma vez que tenha conseguido formar e sustentar interiormente a mandala, você deve tentar vivenciar seus sentimentos evocados pelos símbolos. Podemos descobrir, por exemplo, na forma quadrangular de determinadas mandalas, um sentimento de segurança e proteção. Mantenha esse aspecto da mandala nitidamente focado em sua meditação, e permita-se sentir a segurança do símbolo. Os símbolos dos quatro elementos evocam sentimentos definidos. Procure, por meio da exploração dos sentimentos evocados em si mesmo, identificar a qualidade rígida, fria e abstrata de alguns símbolos. Mantenha-se fora dos símbolos da mandala, evitando que seus sentimentos o atraiam para os símbolos ou se misturem com eles, apenas sustente a mandala à sua frente como um painel de parede ou um portal decorado nesse estágio. Então, sinta o orgulho do elemento do leão, a solidez terrena do touro, a liberdade aérea do pássaro a esvoaçar pelo espaço da mandala e o gesto de sacrifício do pelicano.

Quanto mais você conseguir revestir os símbolos com os seus próprios sentimentos pessoais, mais proveitoso será o exercício. Caso os sentimentos se mostrem perturbadores ou avassaladores em algum sentido, dissolva a mandala, retorne para a segurança do Ovo Interior, voltando, então, suavemente, para a consciência exterior, ou fazendo ali uma pequena pausa; se assim o desejar, reconstrua a mandala interior e procure encontrar esses sentimentos novamente. Se conseguir manter os símbolos em equilíbrio, conforme indiquei antes, os sentimentos evocados serão harmoniosos. Tendo trabalhado com a mandala dessa maneira, um bom número de vezes, você deverá adquirir uma imagem interna do sentimento, bem como um mapa interno simbólico da mandala. Com o tempo, essa imagem interna do sentimento ou reflexo da mandala em suas emoções (esotericamente, em sua substância astral inferior) se apresentará a você como uma porta ou uma entrada. Haverá um portal ou uma passagem para uma nova consciência das energias e estruturas do seu mundo interior.

Esse é um segundo nível de trabalho com as mandalas alquímicas e, quando executado de maneira consciente, resulta em uma espiritualização dos sentimentos e uma absorção do padrão simbólico das mandalas na substância astral da alma. Algumas pessoas acharão o exercício bastante recompensador por si só, sem sentirem necessidade de ir adiante, uma vez que terão alcançado seus objetivos no trabalho com as mandalas nesse estágio da vida – uma percepção, uma consciência, da estrutura e da dinâmica de sua própria psique.

Um Terceiro Nível de Trabalho: A Mandala como Jornada Interior

O terceiro nível de trabalho com mandalas apenas pode ser atingido por aqueles que vivenciaram plenamente os resultados dos dois primeiros estágios, sendo capazes de invocar e sustentar a mandala, bem como de preenchê-la com correntes emocionais, refletindo,

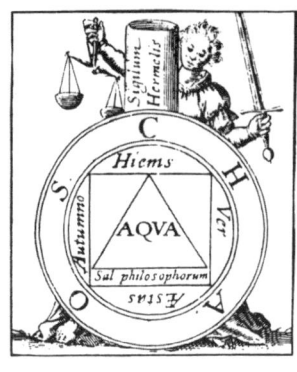

com isso, a sua forma em seus sentimentos, de modo que ela apareça como uma porta que se abre para o mundo interior do indivíduo.

Esse estágio envolve a construção da imagem da mandala, agora não à sua frente como painel de uma parede vertical, mas no chão ou no piso. Uma meditação útil para esse exercício é criar, no lugar da retorta ou ovo interior, um jardim ou paisagem sagrada interior. Trata-se de um espaço semelhante ao espaço interior delimitado do ovo, porém em forma de um jardim secreto ou mágico, fechado. (Outra alternativa é você adotar a imagem de uma construção sagrada ou templo interior como modelo de exercício de abertura.)

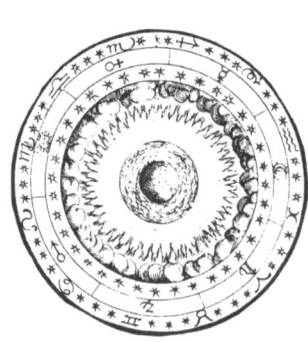

Nesse exercício, você deverá imaginar o jardim, digamos, delimitado a distância por um muro alto, quadrado ou circular, provido, inicialmente, apenas de um gramado bem aparado. Você está sentado no centro desse jardim. Ele é seguro e reconfortante, uma base firme para o trabalho. Você sabe que poderá voltar lá, sempre, e ali permanecer por algum tempo a qualquer momento durante a meditação.

Comece agora a construir nesse gramado a mandala que escolheu, encontrando maneiras sutis de retratar os símbolos. Os animais podem ser nesse momento totalmente tridimensionais, seja como estátuas, seja como seres vivos. Uma vez formado esse jardim, esse lugar sagrado ou templo interior, você deverá empreender uma jornada por meio dos símbolos, viajando ao redor de cada um, por diferentes caminhos. A mandala tem que ser experienciada como que rodeando o seu ser e não colocada diante de você ou separada do seu ponto interior da alma. Você deve querer entrar no espaço da mandala e, em diferentes visitas a esse jardim interior, poderá trilhar caminhos diferentes ao redor dos símbolos.

Nas primeiras vezes que trabalhar com esse exercício, você se verá incapaz de fazer qualquer coisa além de suster as figuras e o traçado de sua mandala. Entretanto, para começar o verdadeiro trabalho desse terceiro nível de interação com as mandalas, você deve se permitir explorar os sentimentos evocados pelo encontro com cada símbolo ao longo da sua jornada pela mandala.

Permita que haja aqui um aprofundamento em relação ao segundo nível: deixe que os símbolos, em certo sentido, assumam vida própria, deixando de ser meros reflexos de sua energia emocional. Aqui você tentará sentir o *ser* que existe por trás dos símbolos. A princípio, isso se mostrará extremamente difícil, pois, caso você delegue aos símbolos o menor grau de liberdade, eles poderão se metamorfosear, de modo alarmante, em uma profusão de formas. Você deverá ter paciência em sua jornada e esperar pelo surgimento de uma forma definitiva. Digamos que haja um pelicano em um ponto particular da sua mandala. Em um primeiro momento, esse pelicano poderá ser visto em uma forma convencional.

Em seguida, à medida que você evoca interiormente o sentimento do símbolo, o elemento de sacrifício, o pelicano poderá subitamente se transformar em uma chaga, uma imagem de crucificação, uma bacia transbordando sangue, um flamingo, uma gata amamentando seus filhotes e assim por diante. Enquanto está diante do pelicano, penetre no símbolo, procurando sentir a essência do sacrifício dele, se está ou não guardando um ponto na mandala, conduzindo você para outro símbolo, ou pedindo que dê meia-volta e retorne.

Esse exercício envolve fazer uma jornada interior e, tal como nas jornadas do mundo exterior, deverá ser emocionante e, algumas vezes, perturbador. Alguns desses símbolos poderão assumir formas aparentemente horríveis, mas, caso você se sinta incomodado com eles, basta retornar ao seu jardim mágico inicial e decidir se pretende voltar à consciência exterior ou reentrar no espaço da mandala, procurando encontrar o símbolo novamente. Pode ocorrer o surgimento de símbolos fortes e ameaçadores, bem como de outros arrebatadores, lindamente formados, uma vez que viajamos por mandalas dotadas de polaridade. Cada símbolo poderá saltar entre os polos de atração e repulsão, entre sua tese e sua antítese, entre uma forma amedrontadora e outra encantadoramente bela. O contato interior com essas polaridades e metamorfoses nesses exercícios é um passo dos mais importantes em nosso desenvolvimento espiritual, considerando que ele desenvolve nossa vontade espiritual interior no sentido de encontrarmos o ser espiritual e o poder operante por trás desses símbolos. A utilização das mandalas oferecerá um modo seguro de trabalhar com esses símbolos, tendo em vista que eles são interiormente equilibrados no espaço da mandala.

É provável que o surgimento de quaisquer energias aflitivas ou perturbadoras dê-se em razão de perdermos momentaneamente a consciência da mandala como um todo, relacionando-nos, em lugar disso, com um símbolo isolado. Isso serve apenas para enfatizar a necessidade de um trabalho árduo nos dois primeiros níveis antes de empreendermos a jornada interior do terceiro estágio.

Os três exercícios esboçados anteriormente constituem maneiras de trabalhar em diferentes níveis, visando transformar o nosso ser mais profundo. O primeiro exercício contribui para a espiritualização do nosso pensamento: ele liberta o nosso pensamento do padrão puramente analítico inseparável do mundo material exterior e que se vale unicamente das percepções dos sentidos como sua *prima materia*. Ao buscar compreender o simbolismo em uma mandala, devemos aplicar nosso poder de *síntese* para reunir ideias e símbolos, em vez de simplesmente isolá-los e examiná-los de forma analítica e sequencial. O contemplar dessas mandalas não aguça, primeiramente, o nosso pensamento; antes, ele torna o nosso pensamento mais volátil, permitindo que flutue e dance pelo espaço da mandala, torna o nosso pensamento mais etérico, afrouxando as amarras que o prendem às formas externas das ideias e, com isso, reduzindo-lhe o peso.

O segundo exercício resulta em uma espiritualização de nossos sentimentos, permitindo que eles se desdobrem na nossa consciência, revelando-se por meio de sua associação a símbolos arquetípicos. Na verdade, esses símbolos arquetípicos habitam inconscientemente por trás de boa parte de nossa vida emocional, como formas obscuras ou moldes para onde fluem as nossas energias emocionais. Trabalhando com essas mandalas, tornamo-nos mais conscientes dessas formas arquetípicas subjacentes e adquirimos uma compreensão da estrutura interna e oculta existente por trás de boa parte de nossa vida emocional. Obviamente, não colheremos os resultados dessa prática da noite para o dia, mas, com perseverança, poderemos perceber que estamos adquirindo uma consciência cada vez maior das forças que operam por trás de nossos sentimentos. Tornamo-nos conscientes das energias e dos padrões espirituais por trás de nossas emoções.

O terceiro estágio envolve um relacionamento mais aprofundado com a estrutura da mandala. Nesse momento, devemos adentrar o espaço da mandala, aceitando o desafio de atuar em meio à sua estrutura simbólica. Assim, nossa vontade se torna espiritualizada, por meio do encontro com esse elaborado simbolismo no nível da ação e não apenas em nosso pensamento e sentimento. Ao fazer os exercícios desse terceiro nível, vivemos temporária e internamente no mesmo nível que os

símbolos, dividindo com eles um mesmo espaço e vivenciando-os como arquétipos em nossa vontade.

Aqueles que conseguem trabalhar esse exercício veem suas forças intensificadas; descobrem um grau maior de liberdade pessoal, acima do acervo dos estímulos inconscientes que formam o pano de fundo de grande parte de nossa vida.

Descobriremos que esse trabalho interior com as mandalas não pode estar confinado a períodos de meditação. Uma vez que começamos a conviver com esses símbolos, eles, inevitavelmente, se manifestarão através de nossos sonhos, percepções criativas, fantasias, sendo que em certas ocasiões aparecerão, sincronicamente, em sequências de acontecimentos e em ocorrências coincidentes em nossa vida exterior. Se pretendemos adentrar por inteiro a mandala, devemos estar abertos para tais experiências, procurando incorporar essas percepções de outros níveis em nosso trabalho com as mandalas.

Para trabalhar com sucesso nesses exercícios, devemos procurar ver a nós mesmos como alquimistas, desenvolvendo a substância da nossa alma interior, purificando-a, destilando-a e transmutando-a para um estado mais nobre. Descobriremos, então, que essas mandalas não são fragmentos mortos a ilustrar antigas e desacreditadas filosofias, mas instrumentos de transformação para nossa alma. Quando as tocamos com nossa essência, por meio desses exercícios interiores, nós as dotamos de vida, começamos um diálogo e partimos numa jornada através do seu simbolismo – uma exploração interior que irá modificar, transformar e espiritualizar nossa vida interior.

Essas mandalas, assim como a Pedra Filosofal que foi cuidadosamente forjada pelos antigos iniciados herméticos das escolas secretas ocidentais, representam uma herança preciosa e uma base segura a partir da qual podemos reintegrar nosso mundo interior. São ferramentas simbólicas de transformação de valor inestimável o *software* ou o programa interno para o desenvolvimento de nosso potencial espiritual interior.

Integræ Naturæ speculum, Artisque imago

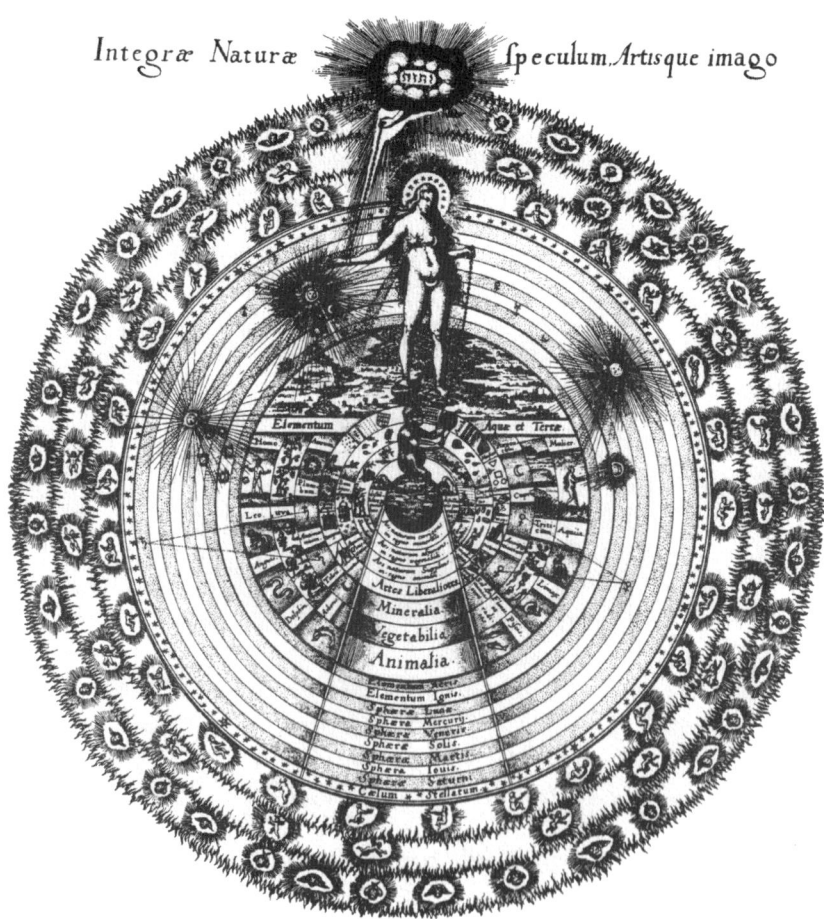

ILUSTRAÇÕES E COMENTÁRIOS

O V.I.T.R.I.O.L. (Vitríolo) composto pelas sete palavras: ***V**isita **I**nteriora **T**errae **R**ectificando **I**nvenies **O**ccultum **L**apidem*, ou seja, "visite o interior da Terra, em purificação, você descobrirá a pedra oculta". Extraída do *Musaeum Hermeticum, Reformatum et Amplificatum*, publicado pela primeira vez em Frankfurt, Alemanha, em 1625, por Lucas Jennis. Reprodução do livro *Viridiarum Chymicum*, de D. Stolcius von Stolcenberg Frankfurt, 1624.

MANDALA 1

O *V.I.T.R.I.O.L* (Vitríolo): *Visita Interiora Terrae Rectificando Invenies Occultum Lapidem*

Ao centro de toda mandala autêntica existe um espaço no qual podemos colocar nossa consciência e integrar o simbolismo disposto ao redor dele. A Mandala mostrada ao lado foi extraída do *Musaeum Hermeticum, Reformatum et Amplificatum*, um livro do início do século XVII, sendo utilizada como ajuda para a meditação envolvendo os sete primeiros números místicos.

O **número um** é encontrado na totalidade, na integridade do símbolo que emerge do alquimista que se coloca conscientemente no centro.

O **número dois** é encontrado nas figuras do Rei e da Rainha. O Rei Sol aparece montado sobre um leão que se mantém de pé em um pequeno outeiro. Ele segura um cetro e um escudo. A Rainha Lua está montada em uma baleia ou um golfinho que nadam sobre o mar. Temos aqui os arquétipos do masculino e do feminino.

O **número três** aparece como o grande triângulo formado por *Spiritus*, *Anima* e *Corpus*. O Espírito está relacionado com a Lua, a Alma com as forças Solares e o Corpo com o cubo da Terra, cercado pelos cinco outros planetas, isto é, Saturno, Júpiter, Marte, Vênus e Mercúrio.

O **número quatro** forma as extremidades do diagrama, apresentando, ao topo, a salamandra do elemento Fogo, o pássaro do elemento Ar e, nos cantos inferiores do quadrado, os elementos Água e Terra.

O **número cinco** forma o pentagrama do corpo do alquimista. Seu pé direito na terra e seu pé esquerdo na água; sua mão esquerda segura uma pena, simbolizando o ar, e sua mão direita, uma tocha ou vela acesa;

as duas asas acima de sua cabeça indicam a quintessência, o quinto elemento, ou o espírito.

O **número seis** emerge do triângulo externo do número três, em combinação com o triângulo interno formado pelo Enxofre 🜍, o Mercúrio ☿ e o Sal ☐. O Sal corresponde ao cubo terrestre; o Enxofre, às forças solares da alma; e o Mercúrio, ao espírito lunar.

O **número sete**, o último da série, aparece indicado de três formas na estrutura dessa mandala:

* Pela estrela de sete pontas dos planetas.
* Pelo acróstico da palavra Vitriol (Vitríolo) composto pelas sete palavras: "**V**isita **I**nteriora **T**errae **R**ectificando **I**nvenies **O**ccultum **L**apidem", ou seja, "visite o interior da Terra, em purificação, você descobrirá a pedra oculta".
* Pelo conjunto dos sete círculos inseridos entre os ângulos do heptagrama, que contém uma representação do processo alquímico como um ciclo começando por um estágio de morte, passando por uma metamorfose até a ressurreição final. (Para uma explicação detalhada desse ciclo de símbolos, ver a Mandala 11.)

Como alquimistas trabalhando por meio da meditação nesses símbolos, começamos a estruturar o nosso ser interior de modo que esses sete números místicos e seus inter-relacionamentos se coloquem diante da nossa alma simultaneamente. Criamos, assim, no terreno do nosso ser, uma independência com relação à rigidez dos sistemas, além de uma habilidade em estruturar nosso pensamento e nossa consciência por meio de todos os sistemas.

O Mercúrio Filosofal e o Mar dos Sábios. Como em todas as mandalas autênticas, o alquimista aparece no centro dessa ilustração tirada do *Elementa Chemiae, Quibius Subjuncta est, Confectura Lapidis Philosophici, Imaginibus Repraesentata*, de J. C. Barchusen, 1718, baseada no manuscrito *The Crowning of Nature*.

MANDALA 2

O Mercúrio Filosofal e o Mar dos Sábios

Como em todas as mandalas autênticas, o alquimista aparece no centro dessa ilustração tirada do *Elementa chemiae, Quibius Subjuncta est, Confectura Lapidis Philosophici, Imaginibus Repraesentata*, de J. C. Barchusen (1718), baseada no manuscrito *The Crowning of Nature*. Trata-se de uma figura com a qual devemos nos identificar, integrando o conteúdo dos símbolos distribuídos à sua volta. O frasco representa o mundo interior do ser do alquimista, e, portanto, do nosso próprio ser, que, embora hermeticamente isolado do mundo exterior, ainda recebe o calor de fora.

O alquimista emerge consciente da água ao fundo do frasco, o **Mar dos Sábios**, ou mundo inconsciente que vive no interior do seu ser, empunhando os símbolos do Sol e da Lua respectivamente em suas mãos direita e esquerda. Isto é, ele alcançou algum tipo de consciência dessas forças arquetípicas que existem no seu ser, os aspectos masculino e feminino de sua alma – os estados positivos, ativos, extrovertidos, bem como os passivos e receptivos de seu ser – e, mediante essa consciência, ele se torna capaz de participar desses dois elementos.

Tudo isso transcorre no Frasco ou Alambique, em meio a uma tríade formada pelo Enxofre ⇑, à esquerda, o Mercúrio ☿, à direita, e o Sal ○, em cima, no gargalo do frasco, completando um triângulo. O alquimista deverá colocar sua consciência dualista no interior desse triângulo, dessa trindade, desses três princípios. O **Enxofre** é o aspecto expansivo e inflamável, que conduz do ar até o fogo, do bruto até o sutil; o **Sal** é a tendência de endurecimento, de contração, água cristalizando-se em terra, o sutil tornando-se bruto; enquanto o **Mercúrio** é o princípio mais importante, intimamente ligado a esses dois extremos. Esses princípios universais são encontrados ocultos nas substâncias do mundo exterior e no terreno da alma humana. (Podemos relacioná-los com os três *gunas* da tradição hindu: *rajas*, *tamas* e *sattva*.)

Esse caráter tríplice também está presente no Frasco, na dimensão vertical, com a água na base do recipiente e o ar no topo, enquanto na interface ou junção deles aparece o alquimista. Temos também indicada nessa mandala a figura de um **pássaro** voando para o alto, representando o espírito do processo. A libertação espiritual das amarras do mundo material é expressada de maneira bela e eficaz na alquimia, pelo simbolismo do pássaro em seu voo ascendente. Temos, novamente, uma correspondência com um processo interior do alquimista que atravessa esse estágio de desenvolvimento, a espiritualização da personalidade, e direciona a sua consciência para um nível situado bem acima do mundo material.

No gargalo do Frasco, no símbolo oval do Sal, vê-se a figura de um ancião, um exemplo do arquétipo do "Velho Sábio" da psicologia junguiana, o guia espiritual do alquimista. O alquimista pode alcançar o seu Eu Superior e comunicar-se com ele, estabelecendo uma ponte, por intermédio do pássaro, considerado seu voo interior. Esse é o seu guia espiritual, colocado no gargalo, a abertura selada do Frasco, como um guardião da entrada para o mundo espiritual.

Observada em sua totalidade, essa mandala apresenta o alquimista que atravessou a *nigredo* ou a noite escura da alma, parado no limiar de uma espécie de renascimento interior. Ele experimenta o alvorecer de uma nova consciência, perceptível na ascensão do Sol e da Lua, emergindo do Mar, o reino inconsciente no interior de sua alma. Ele não cai na armadilha do dualismo, na medida em que consegue integrar sua percepção nascente das facetas Solares e Lunares em seu ser, dentro da triplicidade dos princípios existentes por trás do mundo natural dos elementos. Ele agora desenvolveu o pássaro na sua alma, aquela faceta de sua vida interior capaz de servir de ponte, em suas meditações, com o Eu Superior, o guia espiritual, o guardião da entrada.

Rebis, *o produto final, o magnum opus ou a Grande Obra Alquímica*. Depois de passar pelos estágios de putrefação e purificação, separando as qualidades opostas, qualidades que se juntam no que, às vezes, é descrito como o hermafrodita divino, uma reconciliação de espírito e matéria, um ser de qualidades masculinas e femininas indicadas pelo masculino e cabeça feminina dentro de um único corpo. Na imagem vemos Mercúrio, Sol, Lua, Marte, Júpiter, Vênus, Saturno e o Dragão. Reprodução do livro *Viatorium Spagyricum*, de Herbrandt Jamsthaler e *Crede Mike seu Ordinale genaudt*, de Thomas Norton, 1625, editado junto com *Pharmacopoea Persica*, 1681, volume único. REBIS, de *Theoria Philosophiae Hermeticae* (1617), por Heinrich Nollius.

MANDALA 3

Rebis, ou a Grande Obra Alquímica

No interior de um ovo, o espaço interno da alma, encontramos o alquimista, nessa mandala, colocado na divisa entre dois reinos: aquele sobre o qual o alquimista está parado e aquele que se encontra acima e ao redor dele.

O alquimista se encontra aqui **bipartido**, como um *Rebis* ou "Duplo", isso quer dizer, os aspectos masculino e feminino do ser do alquimista são aqui percebidos em sua separação, embora não sejam independentes. Trata-se do estágio do Hermafrodita na alquimia – Hermes, a figura masculina da Divindade, e Afrodite, a deusa – em que o alquimista ganha consciência dos aspectos masculino e feminino do seu ser. Essas facetas não se separam por completo, permanecendo, em vez disso, em um estado de progressiva integração, pois, apesar de existirem duas cabeças, uma masculina e outra feminina, ambas saem de um único tronco. O lado masculino, o direito do alquimista, segura o compasso; o lado feminino, o esquerdo, empunha o esquadro: dois instrumentos para medir a Terra, para construir círculos e quadrados.

A figura está colocada entre dois mundos:

Acima, os sete planetas do mundo espiritual irradiam para baixo suas influências, representadas pelas linhas que ligam as estrelas planetárias ao corpo do hermafrodita. O Sol, no lado masculino, e a Lua, no feminino, dominam esses arquétipos espirituais, enquanto Mercúrio aparece no alto, no ponto de equilíbrio entre os lados masculino e feminino.

Abaixo, o alquimista está em cima de um dragão alado expelindo fogo, que, por sua vez, está apoiado em um globo também alado, em cujo interior vemos um quadrado representando o Quatro, e um triângulo representando o Três. O globo terrestre simboliza, nessa mandala, a elevação do mundo terreno na direção do espírito: por isso contém os três princípios do reino etérico e os quatro elementos que constituem o corpo físico. O alquimista, assim, ao desenvolver seus corpos físico e etérico, elevou-os, enobrecendo-os e retirando-os das forças puramente físicas, desenvolvendo, com isso, um veículo para os estados mais elevados da Grande Obra. O dragão é uma representação das paixões astrais inferiores, as emoções indomadas e dissolutas que permeiam a alma. Aqui o alquimista, ao se colocar sobre o dragão, já atingiu um grau de domínio e controle consciente. Vale observar que o alquimista não destruiu o dragão, pois isso o desligaria da energia bruta, o fogo do processo, contudo está montado sobre esse reino, não mais como a vítima do dragão, mas sim como o seu senhor.

Vista em seu conjunto, a mandala retrata a alma do alquimista em determinado estágio de desenvolvimento, quando ele – ao alcançar certo grau de purificação dos veículos inferiores e um domínio do reino astral inferior – está capacitado a se manter ereto e a receber as influências de natureza superior transmitidas do mundo espiritual planetário. Nesse ponto do desenvolvimento do alquimista, ele se torna consciente dos dois estados interiores da alma constelados em torno das polaridades masculino/feminino, ativo/passivo, análise/síntese etc., que deverão ser integradas conscientemente no estágio seguinte da Grande Obra.

O Homem Andrógino, ou, o Divino Hermafrodita Alquímico, ilustração de uma versão do século XVIII da clássica obra *Rosarium Philosophorum Sive Pretiosissimum Donum Dei*, tratado alquímico originalmente publicado em 1550 como segunda parte da obra *De Alchimia Opuscula Complura Veterum Philosophorum*, também publicada em 1550 em Frankfurt, pelo tipógrafo Cyriacus Jacobus.

MANDALA 4

O Homem Andrógino, ou o Divino Hermafrodita Alquímico

Essa ilustração, extraída do importante texto alquímico *Rosarium Philosophorum*, mostra-nos uma mandala do final do processo alquímico, que sintetiza os diversos estágios da Grande Obra.

A forma da mandala é definida pela integração dos quatro símbolos pelo hermafrodita que se encontra no centro.

Esse personagem é o ser do alquimista, aberto para uma experiência das polaridades masculina e feminina que estão em jogo em sua alma. Entretanto, um significativo grau de integração desses dois aspectos já foi alcançado, sendo a dualidade sentida apenas no elemento da cabeça do alquimista. A figura é **alada**, indicando a natureza espiritual do processo; é, também, **coroada**, indicando a aquisição de um domínio consciente ou comando sobre a dualidade. Tal conquista é manifestada no corpo, pelo fato de o alquimista conseguir equilibrar-se sobre as duas pontas da Lua crescente que repousa sobre a Terra.

A coroa dourada indica o domínio sobre o elemento solar consciente; o equilíbrio do hermafrodita sobre a Lua crescente mostra o domínio sobre o elemento lunar inconsciente. A figura parece quase flutuar, colocada entre o Céu e a Terra.

Junto ao pé esquerdo do alquimista, vê-se a Gralha ou o Corvo Negro. Em certo sentido, isso indica o estágio de absorção interna no processo alquímico, da retirada do mundo dos sentidos à escuridão interior, a "morte dos sentidos".

Junto ao pé direito, cresce uma árvore com treze folhas em forma de lua. Podemos associá-las aos treze meses lunares do ano, mas talvez, do ponto de vista esotérico, o símbolo tenha um significado mais profundo, representando o Um e o Doze. A árvore invariavelmente simboliza a conexão entre os mundos, a passagem de um reino para outro. "O Um que está dentro dos Doze" é uma representação do processo de iniciação rumo a uma consciência superior, por meio da integração desses doze arquétipos. Encontramos esse simbolismo numérico em diversas tradições misteriosas.

A figura do alquimista empunha em sua mão direita um copo ou cálice contendo três serpentes – os três princípios que, na sua natureza exterior, são chamados de Enxofre, Mercúrio e Sal, ou, na esfera humana, Espírito, Alma e Corpo que devem ser dissolvidos e misturados no cálice de nosso ser, unindo-se por fim; exatamente como na alquimia física, os três princípios devem ser fundidos no cadinho.

A mão esquerda do hermafrodita agarra um Ouroboros, símbolo da alma conquistando o domínio de si mesma, voltando-se para o seu próprio ser e alimentando sua própria vida interior.

Podemos identificar os dois símbolos ligados à face feminina do alquimista, o Corvo Negro e o Ouroboros, como aspectos mais passivos e receptivos do desenvolvimento interior, enquanto a Árvore Iniciática e a Taça das Três Serpentes representam os aspectos masculinos e mais ativos do processo.

A mandala como um todo também pode ser vista como uma versão alquímica do ritual do pentagrama da magia hermética, em que cada ponto do pentagrama simboliza um estado elementar. O Corvo Negro, o primeiro ponto do pentagrama ritual de invocação, simboliza a Terra; a Taça simboliza a água, o segundo ponto; o Ouroboros, com seu aspecto da alma, está relacionado com o terceiro ponto, o do Ar; o princípio de crescimento da Árvore Filosofal está relacionado com o quarto ponto, o do Fogo; e a Coroa, que se encontra na cabeça do alquimista-hermafrodita, está relacionada com o quinto ponto, o elemento quintessencial do Espírito.

49

Macrocosmo e Microcosmo, gravura anexada à obra *Basilica Philosophica*, terceiro volume do *Opus Medico-Chymicum* de Johann Daniel Mylius, Frankfurt. Ilustração de Mattäus Merian criada originalmente para a *Opus Medico-Chymicum* (1618), de J. D. Mylius (1625); extraída de *Rosarium Philosophorum*, de J. D. Mylius.

MANDALA 5

Macrocosmo e Microcosmo

Essa lâmina, tão conhecida, foi originalmente gravada por Mattäus Merian para a obra *Opus Medico-Chymicum* (1618) de Johann Daniel Mylius, mas foi incluída posteriormente no *Musaeum Hermeticum, Reformatum et Amplificatum* (edição de 1678).

Encontramos nessa notável mandala do processo alquímico a figura do alquimista ao centro do primeiro plano, de pé sobre um leão de dois corpos e uma cabeça que regurgita um jato líquido. O alquimista veste um casaco de estrelas – um dos lados (o da direita) é claro, enquanto o outro (o da esquerda) é escuro. Em cada mão, ele empunha um cutelo, igualmente ornado de estrelas. O alquimista é visto sobre uma colina com um bosque de árvores, representando a substância do trabalho físico: as sete árvores dos metais planetários encontram-se na periferia, enquanto numa área mais próxima ao alquimista temos representadas as doze substâncias fundamentais da Grande Obra:

⊖ Sal (♐)	♁ Enxofre (♈)	⊖ Crocus de Marte (♌)	Fogo
♃ Tártaro (♑)	○ Alúmen (♉)	✱ Sal Amoníaco (♍)	Terra
⚋ Pigmento áureo (♋)	☉ Vitríolo (♏)	☉ Salitre (♓)	Água
⊕ Verdete (♎)	X Cinábrio (♊)	☿ Mercúrio (♒)	Ar

Minha sugestão para a reconstrução das correspondências elementais desses símbolos baseia-se em outra importante mandala, que integra a obra *Cabala, Spiegel der Kunst und Natur in Alchymia*, de 1616, escrita por Raphael Custos e Steffan Michelspacher (Mandala 6), em que os mesmos símbolos são relacionados com os doze signos do zodíaco e, assim, com os elementos.

Na base da colina, à direita do alquimista, vê-se um incêndio, enquanto à sua esquerda temos uma nascente de água. À direita do alquimista, vê-se uma figura masculina, sob um céu claro, cuja mão está acorrentada ao reino espiritual acima. A figura segura um Sol na mão direita, recebendo ajuda de um leão rampante nessa tarefa. Os dois apoiam-se em estrelas e nas asas de uma Fênix, que possui o domínio sobre as esferas do ar e do fogo. À esquerda do alquimista, temos uma figura feminina sob um céu escuro. Sua mão direita, que segura um cacho de uvas, está acorrentada ao reino espiritual acima. A figura traz uma Lua em sua mão esquerda, sendo ajudada, nessa tarefa, por um veado com chifre de doze pontas estreladas. Ambas as figuras estão apoiadas sobre uma águia, que possui o domínio sobre as esferas da água e da terra.

Encontramos aqui, portanto, uma representação do alquimista integrando o lado obscuro e inconsciente do seu ser com o lado esclarecido e consciente, sendo ambos relacionados com as polaridades Masculina/Feminina, Direita/Esquerda, Fogo-Ar/Água-Terra, Fênix/Águia, Sol/Lua. Ele alcançou um considerável grau de integração dessas facetas, o que é indicado pelo leão de dois corpos e uma cabeça, os dois aspectos separados tendo se fundido na cabeça. Ele também empunha os dois cutelos astrais, que lhe dão o poder de discriminação e liberdade, embora, contrário às duas figuras arquetípicas do macho e da fêmea, que nada mais são do que fantoches do mundo espiritual, aqui o alquimista é autenticamente humano, tendo conquistado a independência de seu espírito.

Assim, podemos perceber o que é revelado no eixo horizontal dessa mandala. O eixo vertical estende esses relacionamentos pelos três reinos do processo alquímico.

Abaixo, na colina da alquimia, o alquimista fica no bosque da Alquimia Física, cercado pelas substâncias da Grande Obra.

Na parte superior, no domínio da Alma, o mundo astral, a região intermediária, encontramos as sete estrelas espirituais e os cinco pássaros da Alquimia da Alma que representam as experiências psíquicas interiores pelas quais o alquimista deverá superar grandioso trabalho alquímico de purificação da alma. Em primeiro lugar, o estágio da Gralha ou do Corvo Negro, a *nigredo*, o obscurecimento; em segundo lugar, o Cisne Branco, ou *albedo*, o embranquecimento; em terceiro lugar, o Dragão Alado ou Galo Novo; em quarto, o elemento do sacrifício contido no estágio do Pelicano; e, finalmente, a ressurreição alquímica da Fênix.

Acima, no reino refulgente e pleno de luz do Espírito, encontramos as nove Hierarquias de Seres Espirituais, bem como os símbolos da Trindade: o Pai, יהוה, o Filho como o Cordeiro e o Espírito Santo representado pela pomba branca.

Entre os planos astral e espiritual, uma série de círculos completa o simbolismo de modo tríplice. Esses círculos estão colocados entre os sete planetas do mundo astral e os doze símbolos zodiacais do mundo espiritual. Encontramos aqui as triplicidades:

Ano dos Ventos	Ano do Sol	Ano das Estrelas
Mercúrio dos Sábios	Mercúrio Corpóreo	Mercúrio Comum
Enxofre Sólido	Enxofre Volátil	Enxofre Combustível
Sal Central	Sal Elementar	Sal Terreno

Por fim, encontramos no centro a afirmação: "Quatro tipos de fogo são necessários para o trabalho".

CONJUNTO DE MANDALAS 6

Cabala, Speculum Artis et Naturae in Alchymia

Nesse conjunto especial de mandalas iremos ilustrar e descrever as quatro importantes lâminas da *Cabala* de Raphael Custos e Steffan Michelspacher, *Spiegel der Kunst und Natur in Alchymia*, publicada em Augsburg no ano de 1616, considerada uma obra imbuída de múltiplas associações rosa-cruzes. Jamais as quatro lâminas foram reproduzidas e comentadas como um todo, muito embora a de número três seja bastante conhecida e tenha sido utilizada como ilustração de diversos livros referentes ao oculto nos últimos anos. As figuras foram gravadas por Raphael Custos. Nada se conhece a respeito da identidade de Michelspacher, apesar de se supor com frequência que se trata de um pseudônimo. O livro no qual as lâminas apareceram foi publicado em 1616, o mesmo ano de *As Núpcias Alquímicas de Christian Rosenkreutz*, no auge do furor rosa-cruz.

Lâmina Um: O Espelho da Arte e da Natureza

Embora não seja propriamente uma mandala, a lâmina um apresenta as três mandalas que descrevem o processo alquímico sob os títulos "O Início", "O Meio" e "O Fim". Essa lâmina introdutória é dividida em três faixas separadas.

A Parte Superior: Encontramos aqui dois pilares. O da esquerda aparece identificado como Natureza, sendo que junto a ele vemos o alquimista segurando em sua mão esquerda um livro que declara a *Prima*

I. SPIGEL DER KVNST VND NATVR.

Lâmina Um: A página está dividida nas duas colunas mestras, da natureza (esq.) e da arte (dir.) assentando ambas sobre as fundações da mina. A *prima materia* da natureza é o sulfato de ferro, o "vitríolo verde" a partir do qual, através de repetidos processos de destilação (águia), se pode obter o "vitríolo vermelho", o enxofre estável (leão) como "última matéria. No centro: a cota de armas com o mercúrio filosofal (o pássaro Azoth). O glifo do Mercúrio, surge à esquerda, na parte inferior do diagrama, formado pelas duas serpentes do Caduceu. Elas emolduram uma combinação de letras de "Vitriol" e "Azoth". Extraída da obra *Cabala*, de Stefan Michelspacher, Augsburg, Alemanha, 1616.

Materia, a primeira matéria, ou a matéria do início do trabalho; na mão direita ele traz o vaso tríplice, no qual se vê o símbolo ☉. À direita, o alquimista aparece novamente, agora junto ao pilar chamado Arte. Aqui ele carrega em sua mão direita um livro que declara a *Ultima Materia*, a substância final do trabalho, que ele segura em sua mão esquerda. Tal substância está contida num vaso duplamente interligado, no qual aparece o símbolo invertido ☿.

Temos representadas, ao centro, as insígnias da arte da alquimia, com o apoio da Águia, à esquerda, e do Leão, à direita. O escudo é quadripartido, com dois quartos exibindo três esferas sombreadas de maneira diferente (os Três Princípios), enquanto os outros dois quartos apresentam um símbolo que só pode ser um equivalente alquímico ocidental do encontro entre Yin e Yang, as polaridades primordiais do cosmos.

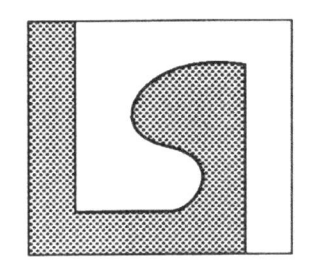

O chão é revestido com temas quadrados e circulares, indicando que a Grande Obra envolve a quadratura do círculo.

A Parte Intermediária: Temos aqui dois painéis correspondentes aos pilares da Natureza e da Arte mostrados na parte superior: à esquerda, vê-se o ato de extrair da terra os minerais que foram levados a determinado estado de amadurecimento pela Natureza; à direita, temos representado o processo que se dá na superfície da terra, pelo qual o homem, com sua Arte, completa o desenvolvimento dos metais.

Encontramos ao centro dois diagramas circulares com a palavra germânica *Gott* (o nome de Deus) em torno da parte externa, bem como o Alfa e o Ômega Ⓐ, além do monograma ℒ, que talvez represente a denominação hebraica de Deus, *Agla*.

A mandala da esquerda está dividida em 360 graus. Duas serpentes encontram-se entrelaçadas em torno de um círculo contendo um quadrado e um triângulo, com letras que formam respectivamente as palavras Vitriol (Vitríolo) e Azoth (Azougue). A estrutura circular apresenta, em seu topo, o símbolo introduzido na parte superior para a *Prima Materia* ☉, enquanto ao redor desse conjunto temos as Quatro Propriedades: *heiss* = calor, *trucken* = secura, *feucht* = umidade e *kalt* = frio.

A mandala da direita tem quatro partes, com os Quatro Elementos indicados no círculo periférico: *fever* = fogo; *erdt* = terra; *lufft* = ar e *waser* = água. As virtudes da Filosofia, da Astronomia e da Alquimia aparecem indicadas no anel intermediário, enquanto no espaço central em torno do quadrado são indicadas quatro substâncias da Arte: Enxofre, Antimônio, Vitríolo e Bismuto (*Wismatt*). O octograma central tem uma forma interessante. Em seu centro, temos o símbolo do Sol. Nos vértices intermediários do octograma, o símbolo da Lua é proeminente, enquanto nos demais vértices temos quatro símbolos de Mercúrio. As oito áreas triangulares entre esses pontos do octograma apresentam os símbolos dos outros planetas repetidos duas vezes e dispostos de tal forma que Vênus se encontra em oposição a Marte (planetas solares) e Júpiter, em oposição a Saturno (planetas lunares).

Parte Inferior: Temos aqui o alquimista fisicamente representado no trabalho de laboratório com as substâncias. Vê-se uma série de diferentes fornalhas.

Temos, nessa lâmina, uma representação dos três domínios da alquimia: o trabalho físico é apresentado na parte inferior, o trabalho da alma com a integração do simbolismo por meio das mandalas aparece na parte central, enquanto na parte superior temos a indicação dos princípios espirituais da alquimia.

Lâmina Dois: O Início: Exaltação

A mandala consiste num círculo externo e num frasco central. Ao redor do círculo externo, estão dispostas várias outras facetas da alquimia, as substâncias, as influências planetárias e zodiacais, e daí por diante, enquanto no frasco central temos a descrição simbólica dos processos internos da alquimia.

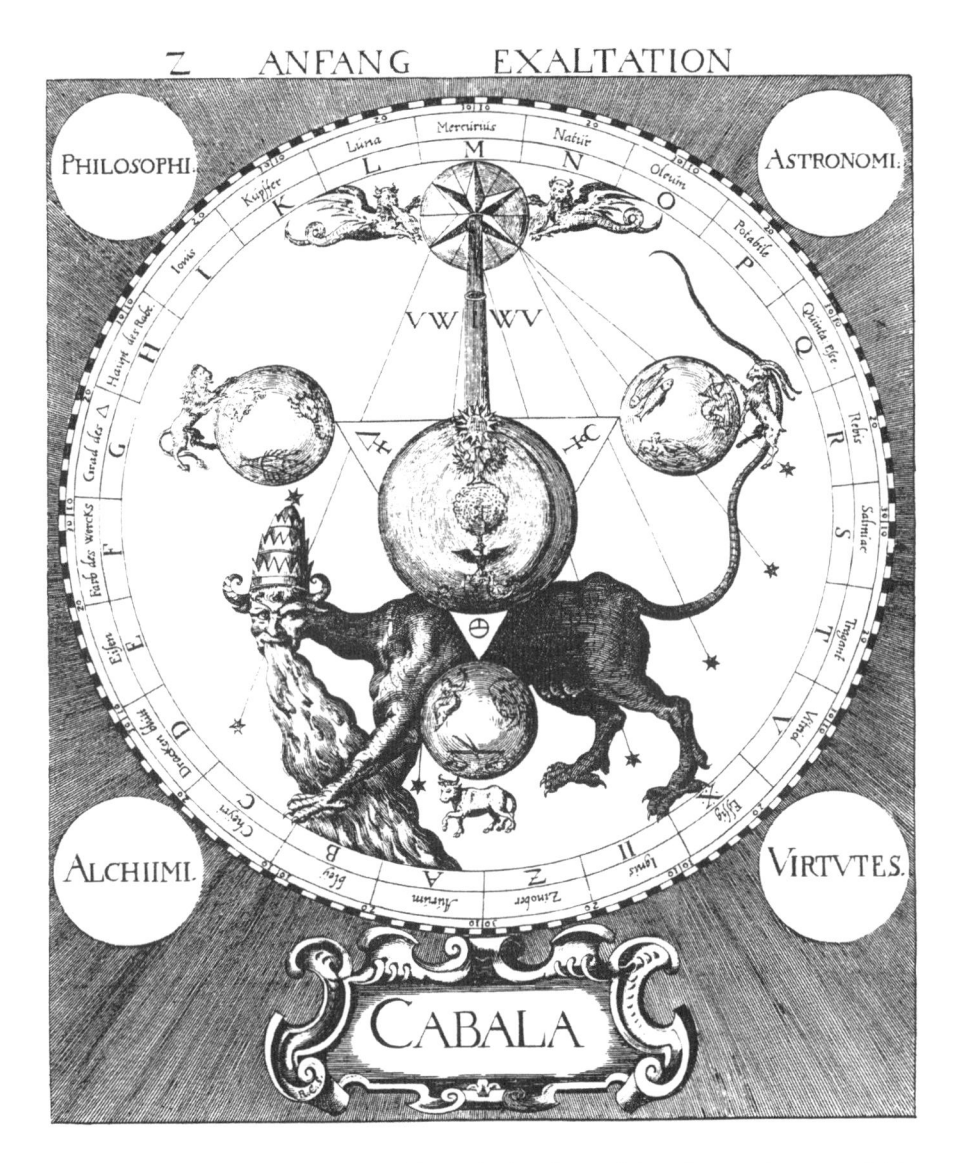

Lâmina Dois: A primeira mandala autêntica dessa série reúne os elementos básicos que constituem o início do trabalho alquímico. A palavra "CABALA" que se vê na base é o título da obra de Michelspacher. Em torno do diagrama, quatro palavras proclamam as virtudes da Filosofia, da Astronomia e da Alquimia. Extraída da obra *Cabala*, de Stefan Michelspacher, Augsburg, Alemanha, 1616.

O Círculo Periférico está dividido nos 360 graus do zodíaco. Vemos as 23 letras do alfabeto dispostas ao redor desse círculo; elas são as iniciais de diversas substâncias e processos, conforme é relacionado abaixo:

A. *Aurum* – Ouro
B. *Bley* – Chumbo
C. *Cheyri*
D. *Dracken Blutt* – Sangue de dragão
E. *Eisen* – Ferro
F. *Farb des Werks* – (Cores do Trabalho)
G. *Grad des* △ – Estágios de Fogo
H. *Haupt des Rabe* – Cabeça de Corvo
I. *Iovis* – Júpiter
I. *Kapffer* – Cobre
J. *Luna* – Lua
M. *Mercurius* – Mercúrio

N. *Natur* – Natureza
O. *Oleum* – Óleo
P. *Potabile* – Potável
Q. *Quinta Esse* – Quintessência
R. *Rebis* – Hermafrodita
S. *Salmiac* – Sal amoníaco
T. *Tragant* – Tragacanto
V. *Vitriol* – Vitríolo
X. *Essig* – Vinagre
II. *Ignis* – Fogo
Z. *Zinobar* – Cinábrio

O círculo zodiacal delimita um espaço no qual se vê uma mandala tripla centrada no frasco. Abaixo do frasco, vê-se um estranho animal híbrido, que apresenta algumas características das Quatro Criaturas Vivas Sagradas: os chifres do Touro, o rosto do Homem, o corpo do Leão e as garras da Águia. Ainda mais estranho, o animal possui uma forma feminina, pois está provido de três úberes. Ele usa uma coroa tríplice, representando os Três Princípios, enquanto de sua boca jorra um líquido. O animal, que ocupa o espaço entre a circunferência e o centro, indica a integração desarmoniosa e não digerida das quatro criaturas arquetípicas – o Leão, o Touro, a Águia e o Homem – e os aspectos masculino e feminino. Se o alquimista pretende ter êxito em sua tarefa, ele deverá criar em si mesmo uma integração mais harmônica. Esse processo interior está indicado no frasco central. O animal está colocado num reino no qual três globos, contendo os símbolos zodiacais, estão dispostos nos vértices do triângulo dos Três Princípios – Enxofre ♁, Mercúrio ☿ e Sal ⊕.

O Frasco Central: Temos, no interior do frasco ao centro dessa mandala, uma série ascendente de formas animais relacionadas com os estágios da alquimia, representados como Pássaros Alquímicos (ver Mandala 13). O Leão e o Galo Novo, na parte inferior, indicam as duas dualidades primordiais que constituem o início do processo. Elas se reúnem, levando ao estágio do Corvo Negro, em seguida para o estágio do Pavão com sua esplêndida cauda, finalmente, ao estágio da Fênix, que leva ao renascimento solar, o final do processo. Na parte superior, no gargalo do frasco, uma estrela de seis pontas irradia seis estrelas em direção às profundezas do círculo da mandala. Essa estrela é ladeada por dois dragões a expelirem fogo, em oposição ao animal de baixo, que expele água.

Lâmina Três: O Meio: A Conjunção

A mais conhecida dentre as quatro lâminas aqui apresentadas é a mandala referente à integração do trabalho no interior da terra.

Na parte inferior, em primeiro plano, o alquimista de olhos vendados precisa de orientação em sua busca de conhecimento dos processos que se dão no interior da substância terrestre. Ele procura apreender sua essência interior ao desvendar o conhecimento que está dentro dele, e sua busca pela sabedoria efêmera é retratada ao perseguir um coelho que se esconde na terra, no sopé da montanha cósmica.

A montanha é cercada pelo zodíaco, que, por sua vez, é guarnecido pelos elementos Fogo, Ar, Água e Terra, dispostos de forma quadrangular. Cada signo do zodíaco está associado ao símbolo de uma substância química (ver Mandala 5).

♉	Touro	☿	Mercúrio	♊	Gêmeos		Cinábrio
♎	Libra	⊕	Verdete	♋	Câncer		Pigmento Áureo
♏	Escorpião		Vitríolo	♐	Sagitário		Sal
♈	Áries		Enxofre	♓	Peixes		Salitre
♌	Leão		Crocus de Marte	♑	Capricórnio		Tártaro
♍	Virgem	✳	Sal Amoníaco	♒	Aquário	○	Alúmen

Esquema retratando as etapas de perfeição da Pedra Filosofal, e sua correspondência cósmica. Extraída da obra *Cabala*, de Stefan Michelspacher, Augsburg, Alemanha, 1616.

A Montanha tem a forma de uma pirâmide em quatro degraus, onde aparecem as imagens clássicas dos sete planetas. À esquerda, temos os **planetas solares**: Vênus, com o coração em chamas e o espelho; Marte, com o escudo e a espada; Sol, com o cetro. À direita, temos os **planetas lunares**: Saturno, representado como Cronos, segurando uma criança e uma foice; Júpiter, com o cetro e o raio; Luna, como Diana, a caçadora, com a lança e a trompa de caça. Mercúrio, como Hermes, guarda o topo da Montanha, com suas sandálias e seu elmo alados e, empunhando o caduceu, ele está colocado sobre uma pequena fonte inserida em um jardim de três lados.

No interior da Montanha, encontramos o Templo do Sol e da Lua, ao qual se tem acesso por uma ladeira de sete degraus, cada um representando um processo alquímico: Calcinação, Sublimação, Solução, Putrefação, Destilação, Coagulação e Tintura. Os degraus conduzem o indivíduo até um Templo abobadado, provido de sete janelas, em cujo centro vê-se o Rei solar sentado à esquerda, empunhando um cetro em sua mão direita, enquanto à direita vemos a Rainha lunar segurando uma planta de três ramos na mão esquerda. Atrás de ambos e completando a triplicidade, há uma pequena fornalha alquímica, quadrangular na base e circular no topo. O teto do Templo ostenta os símbolos do Sol e da Lua e, como junto à Lua veem-se estrelas, o Dia e a Noite também fazem parte da representação. Pousado triunfante no telhado do Templo, vê-se um pássaro com o gesto de uma Fênix.

A gravura insinua que o alquimista em sua busca pela sabedoria espiritual deve trabalhar com as doze substâncias da Arte e colocá-las em relação com as sete forças planetárias existentes no interior da Terra por meio de um conjunto de sete processos. Isso irá guiá-lo à Conjunção no templo sob a Terra, a união entre o Rei e a Rainha, o Masculino e o Feminino, o Sol e a Lua. A conquista dessa Conjunção está representada pelo pássaro coroado no gesto de Fênix.

Lâmina Quatro: O Fim: A Multiplicação

Na conclusão do trabalho, os cinco alquimistas que aparecem na região escura, inferior, da gravura, tendo alcançado o ápice de seus esforços no trabalho com os cinco arquétipos planetários ♂, ♀, ☿, ♃, ♄, conseguem vislumbrar as duas espadas de fogo que guardam o Portão do Éden. Eles atravessam por ele para atingir uma visão mais elevada dos mecanismos do mundo espiritual, aqui representado no interior de um arco-íris. Em um jardim de forma retangular, temos uma vinha, provida de uma pérgola em três de seus lados. O Rei e a Rainha, à esquerda e à direita, estão ajoelhados diante de uma Fonte de Luz, cuja base é uma bacia ou banheira hexagonal, onde está sentado o Cristo Coroado, empunhando dois cálices, um em cada mão, para o Rei e a Rainha que aparecem de joelhos. A fonte é composta de quatro níveis. Os níveis superiores contêm, respectivamente, as forças em equilíbrio de Marte e Vênus, Saturno e Júpiter e do Mercúrio duplo, sozinho no nível superior. A fonte é alimentada por duas fontes: no alto, à direita, um anjo gira a tarraxa de uma prensa de vinho na qual vemos a figura de Cristo e sua cruz. Do corpo de Cristo crucificado brota a essência que corre pela Terra até a Fonte de Luz, com seu Cristo ressuscitado e elevado ao trono. Do canto esquerdo superior, onde se vê o Nome Divino (יהוה) num nimbo de luz, uma pomba branca aureolada desce em direção à Fonte com o dom do poder espiritual. Completa-se uma triplicidade com a pomba do espírito de Cristo que ascende da cena da crucificação, retornando ao Pai.

O Conjunto Visto como uma Totalidade

Na primeira lâmina introdutória, temos retratados os três domínios da alquimia. Essa divisão tríplice é ampliada e aplicada ao processo alquímico propriamente dito, nas três lâminas seguintes.

A **Lâmina Dois**, O Início do Trabalho, chama nossa atenção para o aspecto cósmico da alquimia, o trabalho com a substância cósmica.

A Fonte da Vida. Na conclusão do trabalho, os cinco alquimistas que aparecem na região escura, inferior, da gravura, tendo alcançado o ápice de seus esforços no trabalho com os cinco arquétipos planetários ♂, ♀, ☿, ♃, ♄, conseguem vislumbrar as duas espadas de fogo que guardam o Portão do Éden. Extraída da obra *Cabala*, de Stefan Michelspacher, Augsburg, Alemanha, 1616.

Nessa lâmina, vemo-nos bastante distanciados do mundo terreno. O alquimista, no início do trabalho, deve alcançar uma exaltação de sua visão, devendo igualmente vislumbrar o significado cósmico das substâncias e os processos com os quais irá trabalhar.

Na **Lâmina Três**, O Meio do Trabalho, o alquimista deve unificar sua percepção exaltada do aspecto cósmico com o mundo terreno. Deve procurar o espírito no interior da Terra, em sua própria essência, o cerne da substância. Tem que reunir, em uma nova síntese, as polaridades, os arquétipos zodiacais, as forças planetárias, os sete processos da alquimia e os aspectos solares e lunares. Encontramos tudo isso no Cosmos, na substância terrena, bem como no interior do Homem, na alma do próprio alquimista.

A **última lâmina** indica O Final do Trabalho, representado por meio da figura de Cristo como o Novo Adão, o Adão Renascido, o Homem reunificado à sua essência espiritual. Cristo alcançou a verdadeira conjunção, no sentido de ter unido a suprema essência espiritual com o corpo terreno do Homem e, por meio dessa Conjunção, que alcançou sua apoteose na Cruz, conquistou o poder de irradiar suas forças espirituais. Temos esse aspecto representado no ato de alimentar a Fonte de Luz com o Sangue de Cristo. Nesse sentido Cristo atinge a *Multiplicatio*, tornando-se o seu sangue a tintura da Pedra Filosofal tintorial, a Pedra dos Sábios. Nessa última lâmina, vemos representada a ligação espiritual entre o mistério do Graal e o mistério da alquimia nos Cálices empunhados por Cristo e no sangue espiritual vivo que corre de sua ferida lateral para a Fonte de Luz. Nesse sentido, podemos identificar a presente série de lâminas com o impulso espiritual dos rosa-cruzes, que procuraram trazer a antiga sabedoria alquímica para um relacionamento novo e vivo com a corrente esotérica e interior do Cristianismo.

A elevada natureza espiritual da tarefa que o alquimista tem diante de si está enunciada nos dois versos que aparecem no cabeçalho da primeira lâmina:

A Cabala e a Alquimia
Dão-te o supremo medicamento
Bem como a Pedra dos Sábios
Da qual apenas o fundamento restou,
Como pode ser visto até hoje
Nessas figuras, por qualquer um dotado de olhos

Oh, Deus, ajuda-nos a sermos gratos
Por essa dádiva tão elevada e pura.
Aquele cujo coração e mente abres
E quem os têm perfeitos,
A ele toda a força será concedida
Para o cumprimento dessa obra.

O V.I.T.R.I.O.L. da obra *Viridarium Chymicum*, de Daniel Stolcius (1624), mostrando o Sol e a Lua derramando suas essências (ouro e prata, respectivamente) em um copo. Esse famoso diagrama circular, com sete planetas e a frase latina "VITRIOL" acompanhando a circunferência é uma respresentação da simbologia alquímica para o VITRIOL, que significa "visitando o interior da Terra, em purificação, você descobrirá a Pedra Oculta", que em termos filosóficos e espirituais quer dizer: "Visita o Teu Interior, Purificando-te e Encontrarás o Teu Eu Oculto, ou, a essência da tua alma humana".

MANDALA 7

O V.I.T.R.I.O.L., da obra *Viridarium Chymicum*

Essa mandala, que aparece na obra de Daniel Stolcius, *Viridarium Chymicum* (*The Chemical Pleasure Garden*), publicada em 1624 e, posteriormente, em *Geheime Figuren der Rosenkreuzer*, Altona, 1785 (*Símbolos Secretos dos Rosa-cruzes*), reúne diversos elementos simbólicos com os quais já nos familiarizamos em nossos estudos de mandalas.

Em torno do perímetro, vemos o acróstico que compõe a palavra de sete letras V.I.T.R.I.O.L. (comparar com a Mandala 1) – **V**isita **I**nteriora **T**errae **R**ectificando **I**nvenies **O**ccultum **L**apidem – "visitando o interior da Terra, em purificação, você descobrirá a Pedra Oculta".

Das extremidades do campo da mandala emergem duas mãos voltadas para o centro. As mãos esquerda e direita indicam o importante trabalho que o alquimista deve empreender, a fim de unificar as dualidades primordiais do seu ser.

Na parte inferior da mandala, veem-se duas esferas – a Esfera do Globo Terrestre e a Esfera dos Céus – indicando a necessidade de se unir as dualidades primordiais do Superior e do Inferior, do Cósmico e do Terreno.

Na parte superior da mandala, vemos um cálice recebendo as forças que são derramadas do Sol e da Lua. O restante dos planetas está disposto de modo a formar os pares equilibrados de ♂ Marte e ♀ Vênus; e ♄ Saturno e ♃ Júpiter. Os planetas mais masculinos aparecem à esquerda e os mais femininos à direita, enquanto embaixo do cálice temos o

Mercúrio duplo ☿, exatamente na linha central do espaço da mandala, reunindo em si mesmo as polaridades da mandala.

O espaço central da mandala é ocupado por um anel ligado por uma corrente a um arranjo circular composto por três escudos que, por sua vez, ostentam os símbolos da Águia de duas cabeças, à esquerda; do Leão, à direita; e, embaixo, o Heptagrama. Temos, portanto, os quatro símbolos dos elementos: o Cálice da Água, a Águia do Ar, o Leão do Fogo e o Pentagrama da Terra. Esse Pentagrama é o reflexo das forças planetárias presentes na substância terrestre. Acima do escudo do Heptagrama podemos ver o símbolo do Vitríolo, ⊕.

O espaço central da mandala é um vazio, cercado por um anel ao qual estão acorrentados os elementos. Acima dele, as forças planetárias arquetípicas são distribuídas segundo um padrão que equilibra, de maneira dinâmica, sua dualidade inerente. Tais forças, entretanto, encontram-se em Mercúrio, colocado logo acima do centro, enquanto abaixo dele temos representado o símbolo de outra substância primordial do trabalho, o VITRÍOLO.

A Pedra Filosofal oculta manifesta-se pelo encontro do Mercúrio – carregando em si a resolução das forças planetárias arquetípicas – e do Vitríolo, a essência ácida e penetrante que conduz o indivíduo ao próprio cerne das substâncias materiais, ao centro da terra.

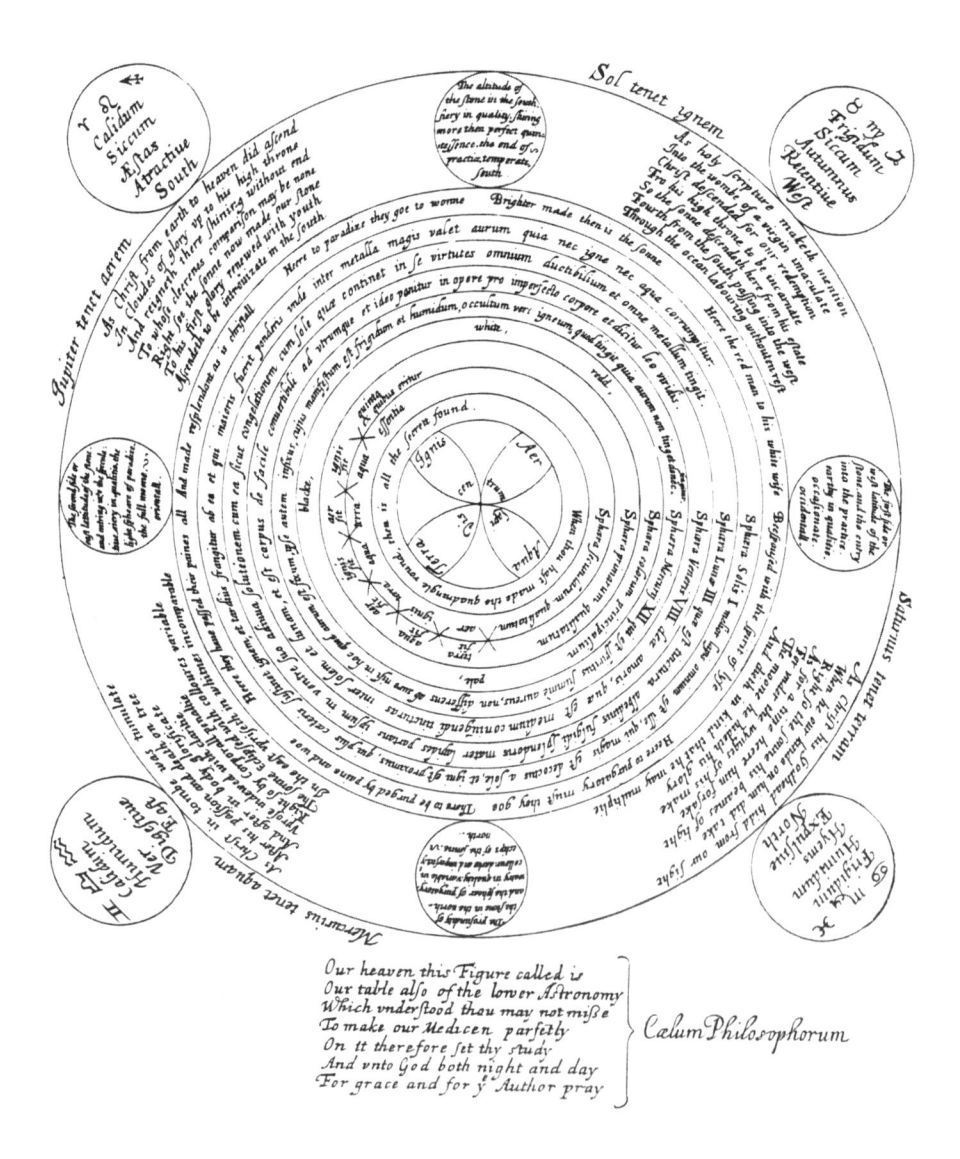

A Roda de George Ripley. Imagem extraída do clássico alquímico *Liber Duodecim Portarum* conhecido como *O Compêndio da Alquimia; ou os Doze Portões que levam à Descoberta da Pedra Filosofal*. *Theatrum Chemicum Britannicum*, 1652.

MANDALA 8

A Roda de George Ripley

Essa mandala, a Roda de George Ripley, é normalmente incluída nas várias edições do clássico alquímico *Liber Duodecim Portarum* conhecido como *O Compêndio da Alquimia; ou, os Doze Portões que levam à Descoberta da Pedra Filosofal*, e difere dos exemplares anteriormente apresentados nessa série por ser inteiramente constituída por palavras, sem conter símbolos. Ela, assim, transmite diretamente o seu significado, por meio de uma disposição geométrica das ideias.

Basicamente, a mandala sintetiza a divisão quádrupla do mundo em uma só. Ou seja, ela conduz de uma percepção quadrangular da estrutura do mundo a uma percepção circular. Ao centro, encontramos a Pedra Central, reunindo os quatro elementos, ao redor da qual o primeiro círculo anuncia:

> Quando tiveres feito o quadrilátero redondo,
> Então todo o segredo será descoberto.

Uma vez reconhecida a estrutura básica da mandala, percebemos os quatro círculos externos, relacionados com os quatro elementos, com suas correspondências usuais:

fogo	terra	água	ar
quente e seco	frio e seco	frio e úmido	quente e úmido
Verão	Outono	Inverno	Primavera
Sul	Oeste	Norte	Leste

Encontramos, também, quatro qualidades descritivas que são de grande interesse:

| Atrativo | Retentivo | Expulsivo | Digestivo |

Esses quatro círculos externos existem como reinos independentes, unificados ao serem incorporados ao corpo principal da mandala por intermédio de uma sucessão de círculos concêntricos. Esses, por sua vez, vão descendo até a unidade interior da Pedra Central descrita. No primeiro Anel interno que tangencia os quatro elementos periféricos, os encontramos novamente incorporados, sob a forma de quatro globos, definindo as dimensões externas da Pedra. Os textos que aparecem no círculo interior seguinte estão relacionados com esses globos.

O primeiro lado da Pedra encontra-se no Oeste, indicando o ingresso na PRÁTICA do trabalho. Diz o texto:

> Aqui o homem vermelho pela sua branca esposa
> Seja desposado com o espírito da vida.

E, no estágio seguinte,

> Aqui ao purgatório devem eles se dirigir,
> Para ali serem purificados pela dor e aflição.

O globo no Norte, a dimensão inferior da Pedra sob a qual repousa o abismo, indica o papel da purificação, "a Esfera do Purgatório", no trabalho. (A purificação está relacionada aqui tanto à substância externa do trabalho físico quanto ao reino interior da alma.)

No estágio seguinte, o Leste, diretamente oposto ao primeiro globo, encontramos a entrada para a parte ESPECULATIVA do trabalho, em seguida à purificação:

> Aqui, eles transpuseram todos os padecimentos,
> E tornam-se resplandecentes como o cristal.

A Prática da Pedra abrange as operações externas que lidam diretamente com a substância em experimentos. O aspecto Especulativo ("o que observa") da Pedra abrange as experiências interiores que emergem na alma por meio desse trabalho externo.

O globo mais elevado, que representa a estatura da Pedra, é apresentado pelo verso:

> Aqui, ao paraíso eles se dirigem, para triunfar,
> Mais refulgentes do que o Sol.

Isso indica a conclusão da prática da Pedra, que está, portanto, "brilhando mais do que a quintessência".

Entre esses quatro estágios representados pelos globos, temos quatro estrofes de sete versos em que se estabelece um paralelo entre o trabalho alquímico e as quatro fases da transição na vida de Cristo: a Encarnação ou Descida, a Paixão, a Ressurreição e a Ascensão.

Segue-se uma série de quatro esferas, relacionadas com o Sol, a Lua, Vênus e Mercúrio, que correspondem a diferentes facetas de tinturas:

I. A ESFERA DO SOL está relacionada com a melhor Pedra, que é maturada pelo Sol, tem uma natureza próxima à do fogo e mantém o fogo das demais pedras. O Ouro, o metal Solar, é o maior dentre os metais, sendo que nem o fogo e nem a água são capazes de corrompê-lo.

III. A Esfera Lunar representa a tintura branca de esplendor cintilante, a mãe dando à luz essas pedras que traz em seu útero. Essa tintura promove a solução, da mesma maneira que o Sol traz a solidificação, uma vez que ela contém em si mesma as virtudes do amolecimento e também tinge todos os metais.

VIII. A Esfera de Vênus, marcada com um VIII, colocada entre as tinturas do Sol e da Lua, é chamada de o Leão Verde.

XII. A Esfera de Mercúrio, XII, em grau mais elevado, o Espírito Dourado, não difere do Ouro, a não ser pelo fato de que o Ouro é rígido, ao passo que esse não o é, manifestando frieza e umidade, e tendo seu fogo oculto.

A próxima esfera para dentro indica as principais cores do trabalho: Lívido, Preto, Branco e Vermelho.

Temos, então, a esfera da primeira e da segunda qualidade,

Terra existindo como Ar	Água existindo como Fogo
Ar existindo como Terra	Fogo existindo como Água

das quais nasce a Quintessência (o gravador parece ter cometido um erro nesse ponto, repetindo os dois termos finais da série).

Chegamos, assim, à resolução central dessa mandala, com a união do quádruplo em uma única Pedra Central.

Cælum Philosophorum.

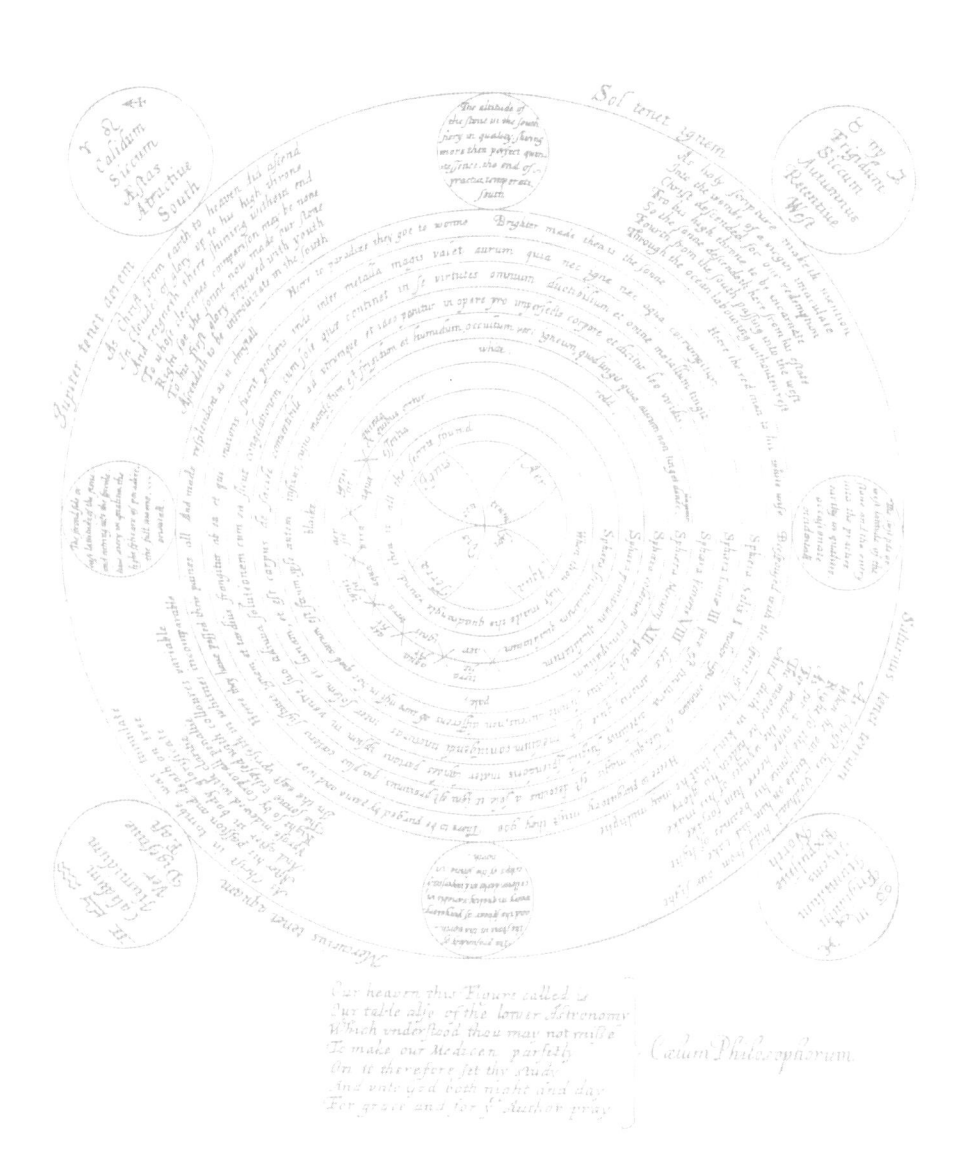

A Natureza Tríplice da Alquimia. Folha de rosto do livro *Speculum Sophicum Rhodostauroticum* ("O Espelho da Sabedoria da Rosa-Cruz"), de Theophilius Schweighardt, 1604. Essa mandala indica a natureza tríplice da Alquimia. No cimo de uma colina está de pé uma tenda ou tabernáculo em cujo topo se vê o nome de Deus em hebraico. No interior dessa tenda, um alquimista que está "com Deus" (*cum Deo*) realiza seu trabalho de ALQUIMIA ESPIRITUAL por meio de oração interior, contemplação do Divino e aspiração. Essa é a "obra" (*ergon*) suprema. Na parte de baixo, em duas grutas situadas no interior da colina, está sendo realizado o *parergon* ou "obra subsidiária". A Alquimia da Alma está retratada à esquerda, enquanto a Alquimia Física é mostrada à direita.

MANDALA 9

A Natureza Tríplice da Alquimia

O antitético da mandala possui um caráter definitivamente Rosa-cruz, pois apareceu na obra *Speculum Sophicum Rhodostauroticum* ("O Espelho da Sabedoria da Rosa-cruz"), de Theophilus Schweighardt, em 1604, cuja página de rosto indicava estar o livro em harmonia com "a iluminada Fraternidade Cristã Rosa-cruz".

A mandala indica a natureza tríplice da Alquimia. No cimo de uma colina está de pé uma tenda ou tabernáculo em cujo topo se vê o nome de Deus em hebraico. No interior dessa tenda, um alquimista que está "com Deus" (*cum Deo*) realiza seu trabalho de ALQUIMIA ESPIRITUAL por meio de oração interior, contemplação do Divino e aspiração. Essa é a "obra" (*ergon*) suprema.

Na parte de baixo, em duas grutas situadas no interior da colina, está sendo realizado o *parergon* ou "obra subsidiária". A Alquimia da Alma está retratada à esquerda, enquanto a Alquimia Física é mostrada à direita.

O trabalho da Alquimia da Alma é apresentado, simbolicamente, pela figura masculina avançando pelas águas da inconsciência de sua alma, segurando um pote (o recipiente de sua consciência) e uma colher, com a qual deverá encher o recipiente. Um dos objetivos da Alquimia da Alma é experimentar interiormente e trazer para a consciência tudo aquilo que habita a esfera do inconsciente. Tal processo envolve uma purificação da alma por meio de exercícios de meditação, simbolizados pela tina na qual algumas roupas estão sendo lavadas, e pela chuva que cai, promovendo uma limpeza. O elemento inconsciente da alma é, em certo sentido, a *prima materia* do trabalho da Alquimia da Alma.

À direita, no domínio da Alquimia Física, o alquimista é retratado com suas fornalhas e recipientes, trabalhando para conquistar a "Natureza Através da Arte". Ele alcançou determinado grau de êxito e segura junto ao peito o frasco que guarda a essência de seus esforços. O nome de Deus, escrito nas quatro letras hebraicas, também marca a presença divina nesse reino, obedecendo à máxima "Assim em Cima como Embaixo". ("T. S. C." é, provavelmente, a abreviação de Theophilus Schweighardt Constantiensem.)

Esses domínios inferiores estão separados da Alquimia Espiritual superior, no corpo da montanha, sendo, porém, interligados pela alada figura feminina de Sofia, sustentada por uma coluna onde se lê: "Essa é a Sabedoria". A figura representa a potencialidade espiritual da alma. Seu ser recebe o fluxo de energia dos arquétipos do Sol e da Lua, que dão origem à gestação do Rebento da Alma, a percepção lentamente desenvolvida do alquimista.

Assim, a luta externa das figuras masculinas nos três reinos da alquimia encontram sua união na sensibilidade interna e na franca receptividade da figura feminina tríplice, que também é necessária para o desenvolvimento do alquimista.

CONJUNTO DE MANDALAS 10

Três Representações com os Principais Símbolos da Alquimia Dispostos em Ordem Decrescente

Esse conjunto de mandalas apresenta três versões da mesma mandala encontrada na obra de Andreas Libavius, *Commentariorum Alchymiae*, Frankfurt, 1606. As três gravuras ilustram as diferentes formas de apresentar a essência da mandala, oferecendo-nos uma excelente oportunidade para perceber seus mecanismos internos. São também particularmente interessantes, no sentido de reunirem muitas das linhas simbólicas do simbolismo dos pássaros, exploradas no comentário da Mandala 13.

MANDALA A – Emblema de Heinrich Kuhdorfer

Essa mandala é descrita no texto como um emblema de Heinrich Kuhdorfer, sendo datada, segundo Libavius, de 1421. O texto inclui uma minuciosa descrição, reproduzida abaixo,* na qual são relacionadas as várias cores a serem associadas a cada uma das partes da ilustração.

 A. Uma pequena fogueira de carvão sob o vidro.
 B. Espaço ocupado por uma serpente alada de longa cauda, portanto uma coroa semelhante ao basilisco da fábula. Ela está deitada de costas, com as patas voltadas para cima, enquanto morde a própria cauda, dobrada

---

* As mandalas e os textos a seguir foram reproduzidos de acordo com o livro *Commentariorum Alchymiae*, de Andreas Libavius, de 1606. (N. do T.)

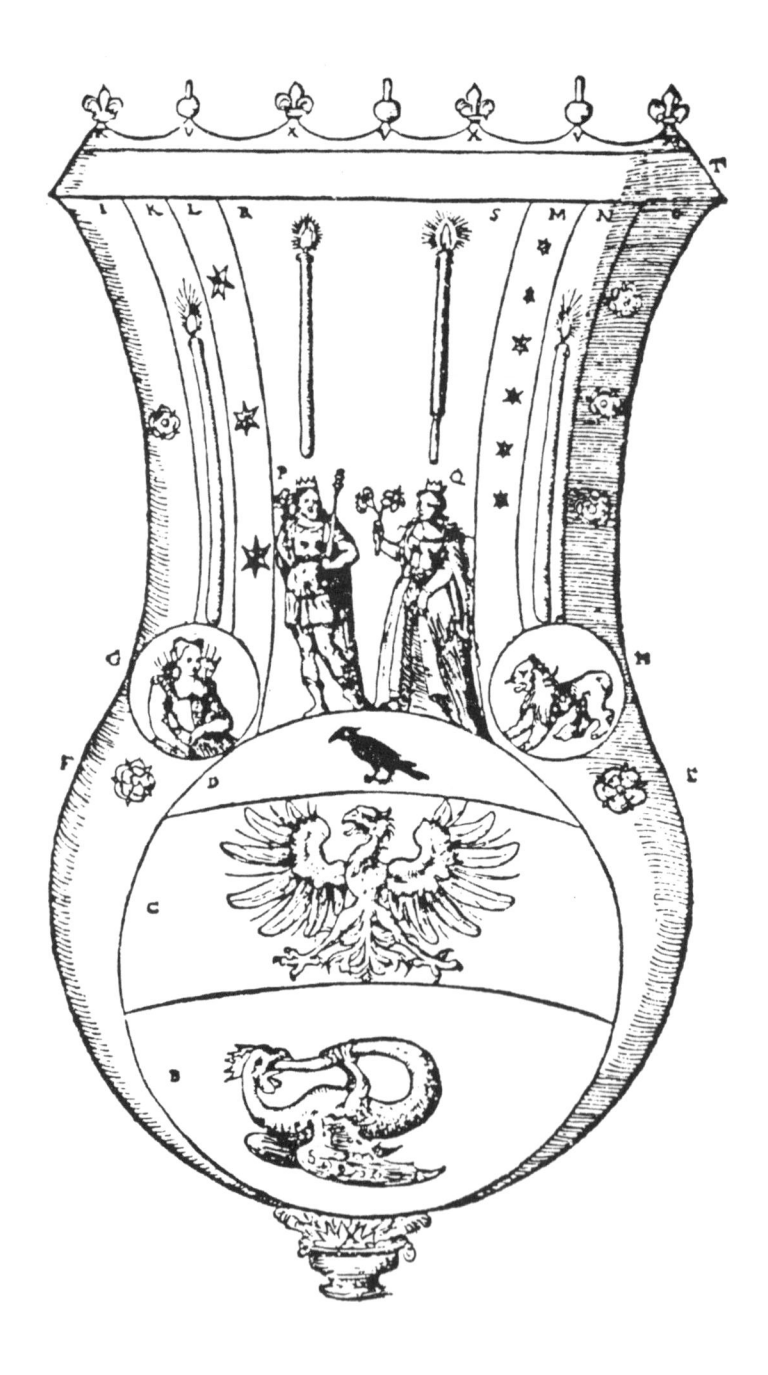

Versão A: *Emblema de Heinrich Kuhdorfer.* Mandala datada, segundo Libavius, de 1421. Reproduzida de acordo com o livro *Commentariorum Alchymiae*, de Andreas Libavius, de 1606.

82

para trás, sendo, portanto, o dragão que supostamente come a própria cauda. Sua aparência é medonha, de cor esverdeada, sendo sua cauda cinza ou cinérea.

C. Temos aqui uma águia, cujas patas e bico devem ser pintados em tom de açafrão, de asas abertas, plumagem multicolorida nas asas, no corpo e na cauda, sendo algumas penas brancas, outras pretas, verdes e amarelas, tal como a cauda de um pavão ou um arco-íris.

D. Nesse espaço, um corvo negro.

E. Uma rosa vermelha num fundo prateado.

F. Uma rosa branca num fundo vermelho.

G. A cabeça de uma virgem, prateada, representando a Lua.

H. Uma cabeça de leão, dourada, representando o Sol.

I. Uma rosa vermelha num fundo prateado.

K. Uma vela em tom de açafrão.

L. Três estrelas douradas num fundo prateado.

M. Seis estrelas azuis num fundo dourado.

N. Uma vela branca ou prateada, podendo ser também da cor do açafrão.

O. Três rosas brancas num fundo vermelho.

P. Um rei trazendo lírios vermelhos ou cor de sangue na mão.

Q. A mulher ou mãe do rei segurando lírios brancos ou prateados.

R. Uma vela prateada.

S. Uma vela vermelha.

T. A base de uma coroa, dourada.

V. Velas numa maçã.

X. Lírios dourados e prateados.

MANDALA B – Insígnia de Heinrich Kuhdorfer

Podemos ver aqui que essa mandala é uma versão bem mais elaborada da anterior, contando também com uma detalhada descrição no texto de Libavius. O autor descreve cada detalhe da seguinte maneira:

A. Um pedestal, ou base, como a terra.

B. Dois gigantes, ou Atlas, apoiados na base e que, à direita e à esquerda, sustentam um globo nas costas, escorando-o com as mãos.

C. Um dragão de quatro cabeças, expelindo para o alto, na direção do globo, quatro estágios do fogo; de uma das bocas sai uma espécie de ar; da segunda, uma fina fumaça; da terceira, fumaça e fogo; da quarta, puro fogo.

D. Mercúrio com uma corrente prateada; ao lado dele, duas feras agachadas, presas pela corrente.

E. Um leão verde.

F. Um dragão coroado, de uma única cabeça. Os dois animais representam a mesma coisa, ou seja, o mercúrio líquido que constitui a primeira matéria da pedra.

G. Uma águia prateada de três cabeças, tendo duas delas voltadas para baixo, como que caindo, enquanto da terceira deve jorrar água branca ou o mercúrio líquido em direção ao mar, indicado pela letra H.

I. A figura de um vento [deus] soprando para baixo na direção do mar.

K. A figura de um leão vermelho, de cujo peito deve jorrar sangue vermelho ao mar que está embaixo, que, por sua vez, deverá ser colorido de modo a parecer uma mistura de dourado e prateado ou de vermelho e branco.

L. Uma extensão de água preta, como o caos: representando [com isso] a putrefação. Dali emerge uma espécie de montanha, preta no sopé, branca no cume, com um transbordamento de branco escorrendo do topo. Pois esse é o símbolo da primeira solução e coagulação e, novamente, da segunda solução.

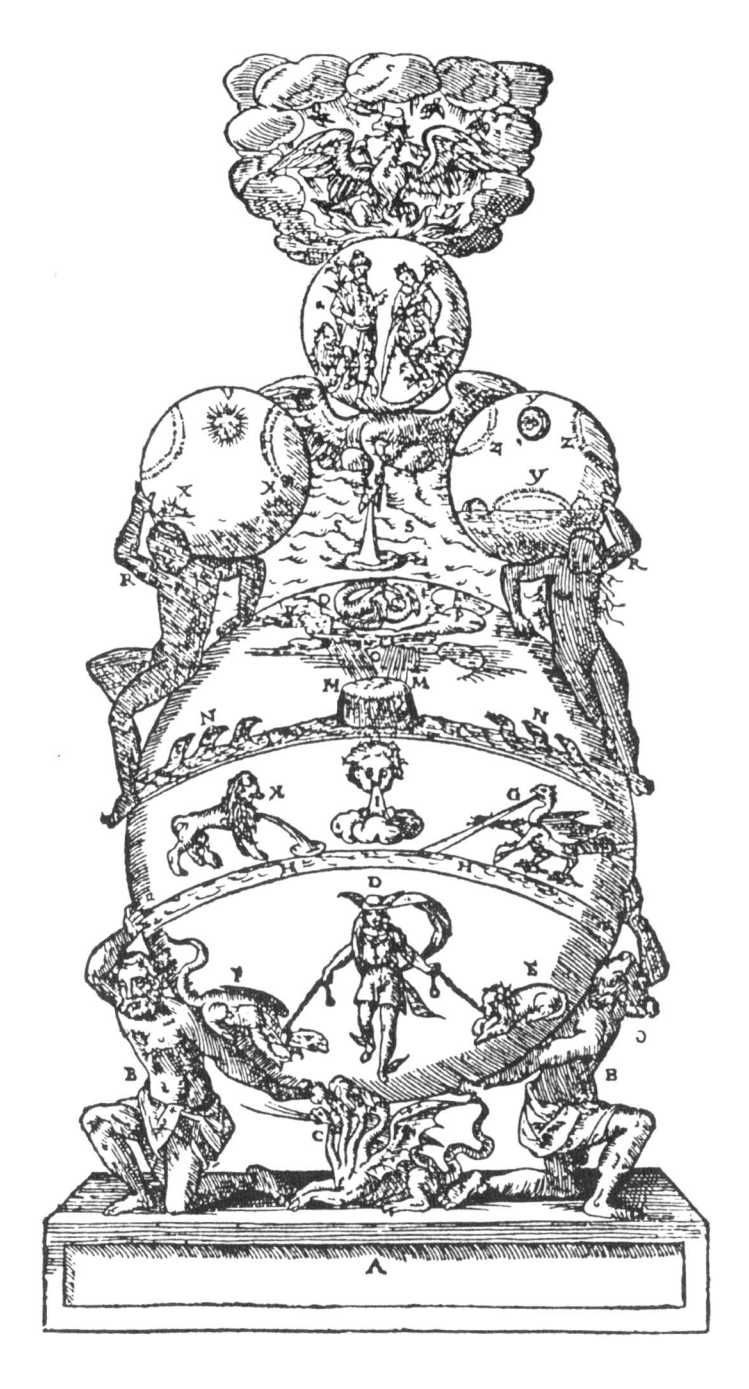

Versão B: *Insígnia de Heinrich Kuhdorfer*, 1421. Mandala constante da obra *Commentariorum Alchymiae*, Frankfurt, 1606, de Andreas Libavius.

M. A montanha citada.

N. Cabeças pretas de corvos olhando para fora do mar.

O. Uma chuva de prata caindo das nuvens em direção ao topo da montanha, por meio da qual estão representados, em primeiro lugar, o nutrimento e a lavagem de Lato por Azougue; em segundo lugar, a segunda solução, por meio da qual o elemento Ar é trazido da terra e da água. A Terra é a figura da montanha; a Água é o líquido primeiro do mar.

P. A forma das nuvens, de onde se originam o orvalho ou chuva, e o líquido nutritivo.

Q. A forma do céu, na qual deve haver um dragão deitado de costas comendo a própria cauda; essa é a imagem da segunda coagulação.

R. Um negro e uma negra sustentando dois globos, acima e ao lado deles. Estão apoiados num globo maior e simbolizam o negrume da segunda operação, na segunda putrefação.

S. Que se represente aqui um oceano de pura prata, que simboliza o mercúrio líquido, o meio através do qual as tinturas são ligadas.

T. Pintar aqui um cisne nadando pelo mar e expelindo de sua boca um líquido branco. Esse cisne é o elixir branco, o giz branco, o arsênico dos filósofos, comum a ambos os fermentos. Suas asas brancas e pretas deverão sustentar um globo.

V. Um eclipse do Sol.

X. O Sol erguendo-se do mar, isto é, da água mercurial, por onde também o elixir deve passar. Logo a seguir ocorre o verdadeiro eclipse do Sol. Em cada um dos lados dele deverá ser pintado um arco-íris, indicando a Cauda do Pavão, que se apresenta, então, na coagulação.

Y. Um eclipse da Lua, que também deverá ter um arco-íris nas laterais e, próximo ao arco-íris, uma porção de mar na qual a Lua deverá mergulhar; é esse o símbolo da fermentação branca. O mar, em ambas as figuras, deverá ser um pouco escuro.

Z. A Lua afundando no mar.

a. Um Rei, de túnica púrpura, com uma coroa de ouro, tendo um Leão a seu lado.

b. Uma Rainha adornada com uma coroa de prata, afagando uma Águia branca ou prateada pousada a seu lado. A Rainha deve portar, em uma das mãos, um lírio branco, enquanto o Rei segura um lírio vermelho.

c. Uma Fênix em chamas pousada num galho; das cinzas, deve sair voando um bando de pássaros prateados e dourados, pois esse é o símbolo do aumento e da multiplicação.

MANDALA C – Alquimia e a Pedra Filosofal

Essa mandala retrata, ao longo de um eixo vertical, o processo do desenvolvimento alquímico. Há uma quaternidade definida na parte inferior da mandala, o que está evidenciado pelas duas figuras, semelhantes a Atlas, que seguram o globo e as duas outras figuras apoiadas na parte superior dele. Essas quatro figuras, por sua vez, sustentam a porção superior da mandala, cuja essência é mais tríplice. Temos um caráter de solidez na região inferior da mandala, enfatizado, inclusive, pelas figuras do Atlas que a sustentam, ajoelhadas sobre uma base retangular. A porção superior representa mais um equilíbrio de elementos díspares, o que está indicado pelos três globos que são mantidos em união e equilíbrio. Assim, a chave dessa mandala é a transformação do quádruplo no triplo, dos Quatro Elementos nos Três Princípios. Ambas as facetas do processo aparecem subdivididas, na mandala, numa série de estágios nos quais as polaridades são experimentadas e simbolizadas por várias formas de animais e por figuras de pássaros em particular.

Na base do recipiente esférico em que se dá a transformação dos elementos, um dragão energiza o processo por meio dos quatro graus de calor – Terra do Fogo, Água do Fogo, Ar do Fogo e Fogo do Fogo.

Podemos identificar, nesse recipiente, três níveis diferentes. No nível inferior, determinadas polaridades expressam a si mesmas numa separação das forças arquetípicas do Sol e da Lua. Essas polaridades estão simbolizadas pelo Sol com o Leão parado em cima dele e pela Lua, com a Virgem em cima dela. O Sangue Vermelho do Leão se derrama para

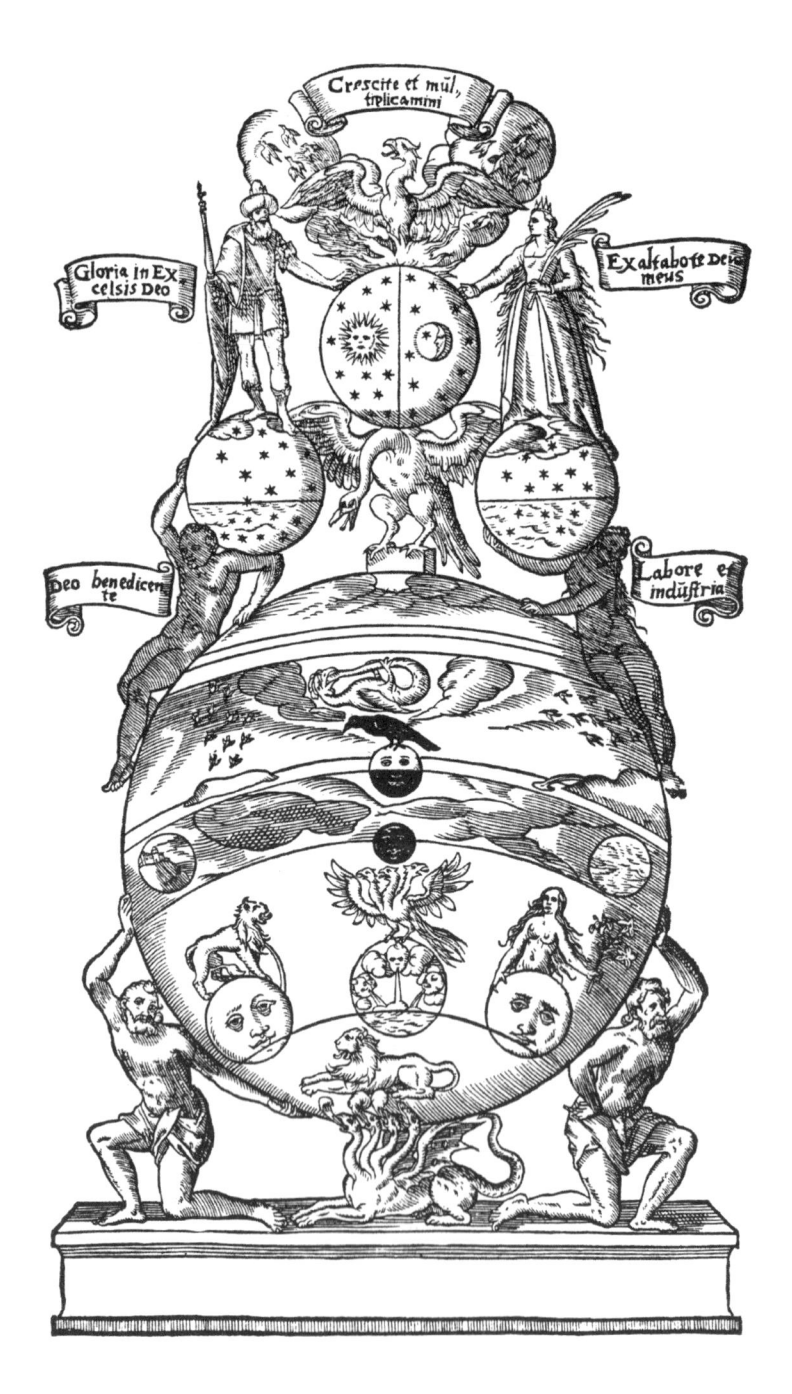

Versão C: Alquimia e a Pedra Filosofal. Mandala reproduzida de acordo com o livro *Commentariorum Alchymiae*, de Andreas Libavius, de 1606.

dentro do disco solar, enquanto o disco lunar é alimentado pelos lírios brancos, possivelmente simbolizando o Leite Branco da Virgem. Esses dois discos são equilibrados por uma esfera central, na qual três querubins reúnem suas forças, de modo que é essencial que essa polaridade seja equilibrada pelo terceiro elemento. Esse equilíbrio se manifesta verticalmente, nos símbolos da Águia de três cabeças acima do Leão que se encontra embaixo. O Glúten da Águia e do Leão Verde é também um elemento de *conjunctio*. Temos, portanto, uma quaternidade, polarizada numa dualidade, porém unida numa triplicidade, formando o primeiro estágio interior do processo. Na linha divisória entre esse estágio e o seguinte, vemos um Sol eclipsado e, quando nos recordamos de que um eclipse do Sol é uma conjunção do Sol e da Lua – a Lua cobrindo o disco do Sol –, reconhecemos aqui um símbolo pertinente para a conclusão da primeira Conjunção.

O estágio seguinte envolve o trabalho com o Ar e a Água, conforme indicam, respectivamente, as duas inserções circulares que aparecem à esquerda e à direita. Trata-se aqui de um período de Putrefação ou *nigredo* – uma fase de obscurecimento exterior durante a qual uma evolução interna de forças está livre para acontecer. Na conclusão desse estágio do processo, vemos o símbolo em forma de pássaro da Nigredo, uma Gralha ou Corvo Negro, montado sobre o globo Sol – Lua que está emergindo do eclipse.

Esse estágio final da primeira parte do processo envolve um ciclo separação-conjunção, o que está indicado pelos pássaros ascendentes à direita e os pássaros descendentes à esquerda. Somos lembrados da detalhada descrição simbólica do processo alquímico fornecida no manuscrito *The Crowning of Nature (Magnum Opus Hermetic Sourceworks Number 3)*. A Terra e a Água estão intimamente relacionadas nessa Separação e Conjunção e podemos perceber que, enquanto os pássaros se elevam da terra, a água é despejada no oceano. Além disso, ao passo que os pássaros descem, na fase de conjunção, a terra parece afundar no oceano. O processo cíclico de separação e conjunção se completa no Ouroboros, a serpente, aqui apresentada sob a forma de um pássaro, como um galo novo, engolindo a própria cauda. Essa integração dos elementos encerra a primeira parte do trabalho.

O alquimista possui, agora, a substância integrada do trabalho, pode-se dizer, o Mercúrio Filosofal. E agora ele precisa polarizá-lo de modo a obter as Tinturas Branca e Vermelha. Vemos esse aspecto nos três globos superiores. As figuras masculina e feminina, escuras, que sustentam os dois globos, representam a polarização imperfeita, mas, quando são reunidas no terceiro globo, que é dual, solar/lunar, as verdadeiras polaridades arquetípicas podem surgir como o Rei e a Rainha. Dessas duas Tinturas do Sol e da Lua desenvolvem-se a Fênix e o Cisne Branco. A Fênix, representando a tintura solar e de fogo, é mostrada em sua pira, em um estado de ressurreição; o Cisne Branco, representando a tintura lunar e terrena, está parado sobre o Cubo da Terra. No reino da alma essas tinturas representam processos que dão cor à aura ou corpo astral do operador.

Enquanto as três mandalas incorporam um mesmo processo – embora representando-o por meio de sequências simbólicas diferentes –, o estudante experiente de alquimia deve ser capaz de encontrar a chave para a integração dessas descrições simbólicas. Essa é uma tarefa essencial para a absorção interior das verdades alquímicas, a capacidade de reconhecer o mesmo processo descrito por intermédio de diferentes padrões simbólicos, ainda que essas descrições simbólicas possam ser inconsistentes e mutuamente incompatíveis. Dessa maneira, o estudante do simbolismo alquímico frequentemente se defronta com paradoxos no que diz respeito aos símbolos exteriores, sendo levado, porém, à percepção interior de algumas verdades alquímicas.

91

Árvore da Alma. Essa gravura, de autoria de Mattäus Merian, foi publicada pela primeira vez na obra *Philosophia Reformata*, de 1622, embora seja mais conhecida por sua reimpressão no *Musaeum Hermeticum, Reformatum et Amplificatum*, de 1625.

MANDALA 11

Árvore da Alma

Essa gravura, de autoria de Mattäus Merian, foi publicada pela primeira vez na obra *Philosophia Reformata*, de 1622, embora seja mais conhecida por sua reimpressão no *Musaeum Hermeticum, Reformatum et Amplificatum*, de 1625. Temos aqui uma mandala centrada na Árvore da Alma, sob a qual um velho filósofo está instruindo um jovem cavaleiro. Ambos cumprimentam-se erguendo a mão esquerda, indicando o propósito esotérico de seu encontro (a esquerda representando o lado "sinistro" das coisas místicas e ocultas). O filósofo é o Velho Sábio que existe em cada um de nós, enquanto o Jovem é o aspecto explorador e investigador da alma que está em busca da iluminação, que está no encalço da sabedoria espiritual. O Velho se apoia num cajado, que representa sua longa experiência, enquanto o Jovem, como um cavaleiro perseguindo seu ideal, empunha uma espada, uma arma do intelecto, a fim de se armar para a sua exploração.

Entre essas duas figuras, ergue-se a Árvore da Alma, que carrega o Sol, a Lua e os cinco planetas. É esse o reino que o ser do alquimista deve penetrar, as Sete esferas das forças planetárias da Alma, as quais ele terá de atravessar e integrar. Ele terá também de reunir os arquétipos do Rei e da Rainha, representando as forças masculina e feminina, bem como os quatro elementos: a Terra e a Salamandra que cospe Fogo, à esquerda; e a Água e o Ar, representados pelo pássaro, à direita.

Ao redor da Árvore, temos o aspecto mais importante dessa mandala, uma representação do processo interior que se processa em sete estágios:

O **primeiro estágio** é a morte/*nigredo*, em que vemos o pássaro da alma pousado sobre um esqueleto. Temos, assim, a presença de uma morte/*nigredo* no início do trabalho, ocorrendo, no processo, uma separação entre a alma e o corpo.

No **segundo estágio** o pássaro da alma contempla o seu reflexo no reino da terra dos mortos. Através da *nigredo*, aquelas facetas superficiais da antiga alma que morreram são transformadas, espelhando para a alma uma essência de seu ser.

No **terceiro estágio**, dois pássaros da alma descem e começam a elevar a essência morta da alma representada como o cadáver de um pássaro. Eles erguem a essência da alma que se encontra presa ao domínio terreno, levando-a para um reino espiritual superior.

No **quarto estágio**, chega-se a um ponto decisivo, quando o cadáver do elemento da alma ancorado ao mundo terreno é espiritualizado, transformando-se em uma coroa. Os pássaros da alma capazes de alçar voo dentro do ser do alquimista até uma esfera espiritual mais elevada são inúteis para a consciência dele a menos que consigam incorporar esse espírito em uma forma material. Aqui, transformaram o crânio sem vida do primeiro estágio, através do cadáver do pássaro, em uma coroa. Essa coroa é levada para as regiões inferiores da alma pelas forças polarizadas dos dois pássaros da alma que operam ao longo dessa parte central do processo.

Durante o **quinto estágio** a coroa é plantada no terreno da alma e começa a brotar. Aqui, as potencialidades espirituais da coroa começam a se revelar como uma presença viva na alma.

O **sexto estágio** consiste na formação de duas Tinturas da Alma, a Tintura Vermelha (Solar), representada pelas rosas, e a Tintura Branca (Lunar), representada pelo Unicórnio. Essas Tinturas ou Pedras são a incorporação permanente na alma das energias espirituais arquetípicas.

Por fim, o **sétimo estágio** é alcançado com a ressurreição do corpo, visto aqui como uma figura feminina. O alquimista regressa à plena consciência no corpo, imbuído, em seu interior, da essência do processo. Como a tecelagem passiva dessas tinturas no ser do alquimista reflete um aspecto feminino do processo, o alquimista é representado com forma feminina. Podemos perceber as polaridades dos estágios:

Quatro: A Elevação ao Espírito e a criação da Coroa

Três: a elevação do cadáver	↔	Cinco: a descida e o plantio da semente
Dois: o reflexo da alma	↔	Seis: as Tinturas da Alma
Um: a Morte/Nigredo	↔	Sete: A Ressurreição

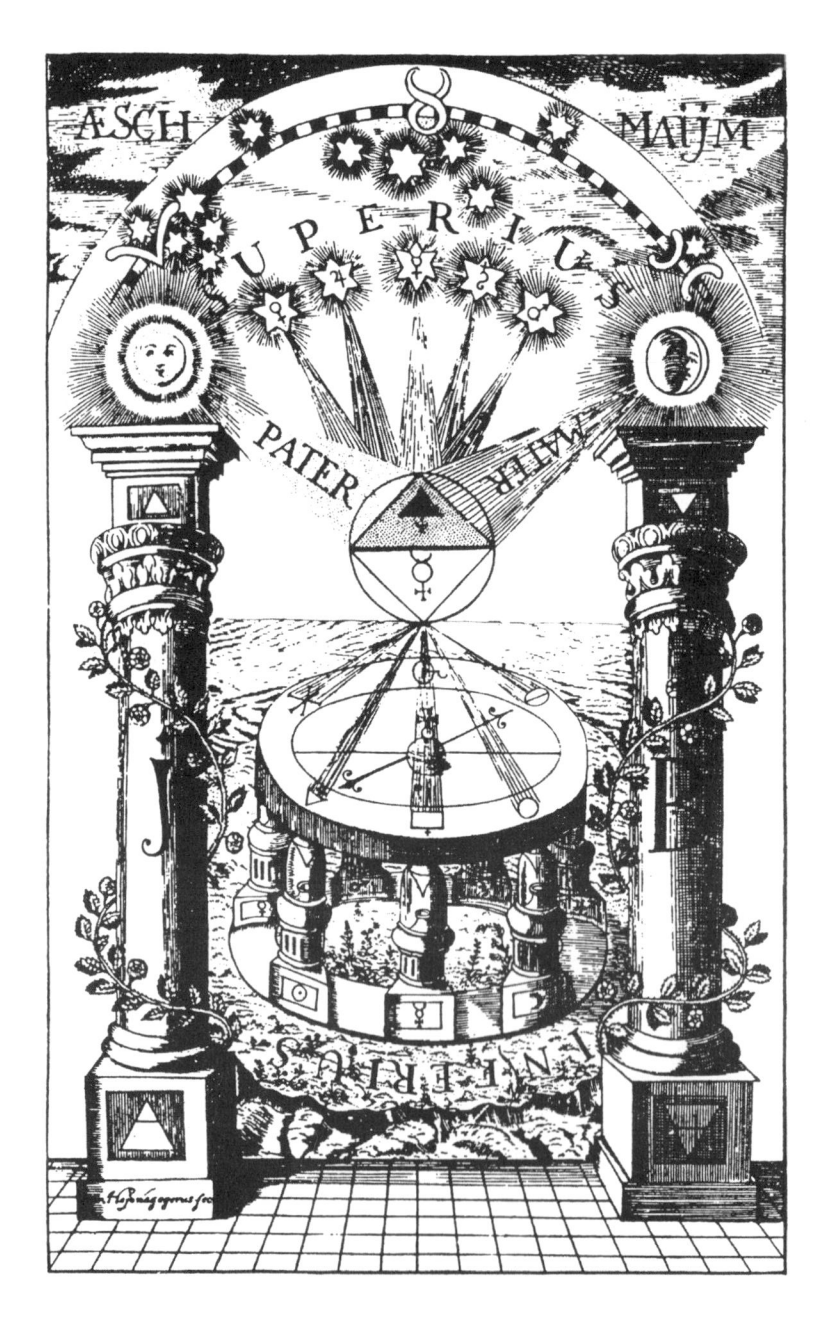

O Templo de Pansofia. Trata-se de uma mandala que reúne as duas colunas cabalistas (também conhecidas por Colunas Maçônicas) e as ideias alquímicas. Extraída da obra *Der Compass der Weisen*, de Adam Michael Birkholz (KETMIA VERE), Berlim, 1782, um texto alquímico alemão do final do século XVIII.

MANDALA 12

O Templo de Pansofia

O Templo de Pansofia que aparece no *Der Compass der Weisen* (O Compasso do Sábio), um texto alquímico alemão do final do século XVIII, é uma mandala que reúne as duas colunas cabalistas (também conhecidas por Colunas Maçônicas) e as ideias alquímicas.

Através dos pilares de Joachin e Boaz, o alquimista assiste ao encontro das forças do reino celestial com os receptáculos do mundo terreno da substância. Ele deve colocar sua consciência no ponto de encontro dessas duas correntes e cumprir a máxima hermética, unindo o que está em cima com o que está embaixo. O alquimista deve fazer um exercício interior, intermediário, se pretende equilibrar as duas energias das colunas. Joachin é o pilar masculino, ativo, do fogo (Aesch), tendo o Sol em seu topo, enquanto Boaz é o pilar feminino, passivo, da água (Maim), com a Lua no topo.

Nos céus, acima, o Mundo Superior, vemos o reino das estrelas fixas com as constelações de Áries, Touro e Gêmeos, além das regiões do Sol, da Lua e dos planetas. Deles, irradiam-se para baixo influências focalizadas nos Três Princípios arquetípicos: ⊖ Sal, ⚹ Enxofre e ☿ Mercúrio, reunidos num único símbolo central, logo acima da linha do horizonte. As energias Solares e Lunares são, por sua vez, interpretadas como as polaridades da MÃE e do PAI. Essas energias espirituais, uma vez enfocadas no arquétipo dos Três Princípios, que atua como um prisma, são difratadas para o Mundo Inferior. Ali elas encontram uma mesa, sustentada por sete pernas, ou colunas, que ostentam os símbolos dos sete planetas, indicando os sete metais: ☉ Ouro, ☽ Prata, ☿ Mercúrio, ♃ Estanho, ♄ Chumbo, ♀ Cobre e ♂ Ferro. Essa mesa, ou espelho, é o reino das substâncias que a região inferior mantém a fim de abrigar as energias espirituais provindas do alto. Emergem desse processo sete substâncias, os Metaloides, que encarnam essas forças numa dimensão material. Seis desses aparecem indicados ao redor da circunferência da mesa, enquanto um, o Antimônio, está localizado no centro:

🜍 Vitríolo		🜍 Enxofre
🜔 Salitre	🜋 Antimônio	🜿 Tártaro
○ Alúmen		✳ Sal amoníaco

O alquimista deve colocar sua consciência no ponto focal das forças superiores. Ele, então, poderá contatar o arquétipo superior dos Três Princípios e a manifestação deles na substância dos metaloides. Acima dos arquétipos dos Três Princípios, temos a essência das forças planetárias, enquanto abaixo da mesa/espelho da substância temos sete pernas de apoio com funis e recipientes de captação. Desse modo, as energias dos metaloides fluem para os sete metais planetários do mundo material exterior e inferior.

Podemos dar, ainda, uma curiosa interpretação eletromagnética para essa mandala. As colunas de Joachin e Boaz possuem, enroladas ao seu redor, no sentido horário e anti-horário, duas *hedera helix*.* Se imaginarmos as colunas como condutores elétricos, uma corrente vinda do alto para baixo (analogamente às energias espirituais) induziria a formação de um campo magnético. As linhas de força desse campo na coluna de Joachin se moveriam no sentido horário com a espiral formada pela planta. A corrente que subiria pela coluna de Boaz induziria, de maneira similar, linhas de forças magnéticas no sentido anti-horário. O título do livro do qual foi extraída a ilustração é *Der Compass der Weisen* (*A Bussola do Sábio*), de modo

---

* *Hedera helix* é um tipo de hera inglesa com a qual se faz guirlandas. (N. do T.)

que podemos interpretar ainda a mesa/espelho central como uma bússola provida de uma agulha magnética sensível aos campos assim induzidos. Nesse caso, a agulha orientou-se entre as polaridades do Enxofre e do Salitre. Não se pretende sugerir que o criador da ilustração tivesse conhecimento da existência de campos magnéticos induzidos, uma vez que tal fenômeno só foi descoberto oficialmente em 1820 por Oersted; entretanto, os paralelos talvez sejam de interesse.

A Nona Chave de Basilio Valentim, da série de Doze Chaves. Imagem publicada na obra *Musaeum Hermeticum, Reformatum et Amplificatum*, em 1625, por Lucas Jennis, com gravuras de Mattäus Merian. *Viridarium chymicum*, de D. Stolcius von Stolcenberg, Frankfurt, 1624.

MANDALA 13

A Nona Chave de Basilio Valentim

Temos aqui a Nona Chave da série de Doze Chaves de Basil Valentine, um tratado publicado no *Musaeum Hermeticum, Reformatum et Amplificatum*, em 1625, por Lucas Jennis, com gravuras de Mattäus Merian. A mandala está dividida em duas partes.

A Parte Inferior apresenta três corações, dos quais emergem três serpentes que representam os Três Princípios, o Sal, o Enxofre e o Mercúrio, ou os reinos do Corpo, da Alma e do Espírito. Os corações são o ponto de centralização dessas três facetas, a essência dos Três Princípios, enquanto as serpentes são a expressão polarizada desses princípios. (Conforme já vimos nos comentários de outras mandalas, a serpente com sua cabeça e sua cauda é um símbolo de polarização.) Percebemos também que o coração, com suas duas câmaras, possui igualmente uma tendência a certa polaridade em sua forma. As três serpentes da ilustração procuram abocanhar as caudas umas das outras, embora ainda estejam incorporadas nos corações centrais. Assim, começam a integrar-se e podemos identificar um ciclo partindo da essência (coração) dos Três Princípios, dirigindo-se para sua união em uma nova totalidade: a forma final que o símbolo tende a adquirir poderia ser representada como algo semelhante a uma flor de três pétalas.

A Parte Superior dessa mandala é um trabalho com o Quatro e o Dois. Vemos duas figuras, uma masculina e outra feminina, posicionadas de maneira estranha, nádegas contra nádegas, formando uma cruz das mais singulares com cabeças e pés. Seus braços estão estirados para trás, completando a forma de um quadrado. Percebemos uma quaternidade no que diz respeito a forma da cruz e do quadrado composto pelas polaridades masculina e feminina, enquanto nas extremidades da cruz encontramos os quatro pássaros alquímicos frequentemente abordados nas mandalas anteriores.

Aos pés do homem, vemos o Corvo Negro e em sua cabeça a Fênix. Aos pés da mulher aparece o Pavão com sua cauda resplandecente e, em sua cabeça, o Cisne Branco, símbolos dos quatro estágios do trabalho alquímico:

> O Corvo Negro – a *nigredo*, a escuridão ou caos inicial para o qual a substância deve descer a fim de que ocorra uma evolução posterior.
>
> A Cauda do Pavão – uma súbita explosão de cores, marcando o início da integração, a formação do Mercúrio Filosofal.
>
> O Cisne Branco – a preparação da Tintura Branca das forças lunares, o Sal Filosofal.
>
> A Fênix – o preparo da Tintura Vermelha das forças solares, o Enxofre Filosofal.

Os quatro pássaros também estão relacionados aos elementos:

Corvo Negro – Terra

Cisne Branco – Água

Cauda do Pavão – Ar

Fênix – Fogo

Esses pássaros simbólicos, por estarem relacionados às figuras masculinas e femininas, formam algumas polaridades interessantes. O Corvo Negro está em posição oposta à do estágio da Cauda do Pavão, enquanto o

Cisne Branco (Tintura Branca) está polarizado com a Fênix (Tintura Vermelha). Entretanto, outra série de relacionamentos é criada, se ligarmos a cabeça e os pés das figuras: a polaridade masculina, movendo-se dos pés à cabeça da figura masculina, conduz o Corvo Negro à Fênix; a polaridade feminina, avançando dos pés à cabeça, mostra uma evolução da Cauda do Pavão até o Cisne Branco.

A mandala simboliza a integração que pode se dar por meio da experimentação das polaridades alquímicas. Essas polaridades incluem os Três Princípios, o masculino e o feminino, bem como os quatro estágios do processo alquímico, vistos aqui polarizados em diferentes permutações.

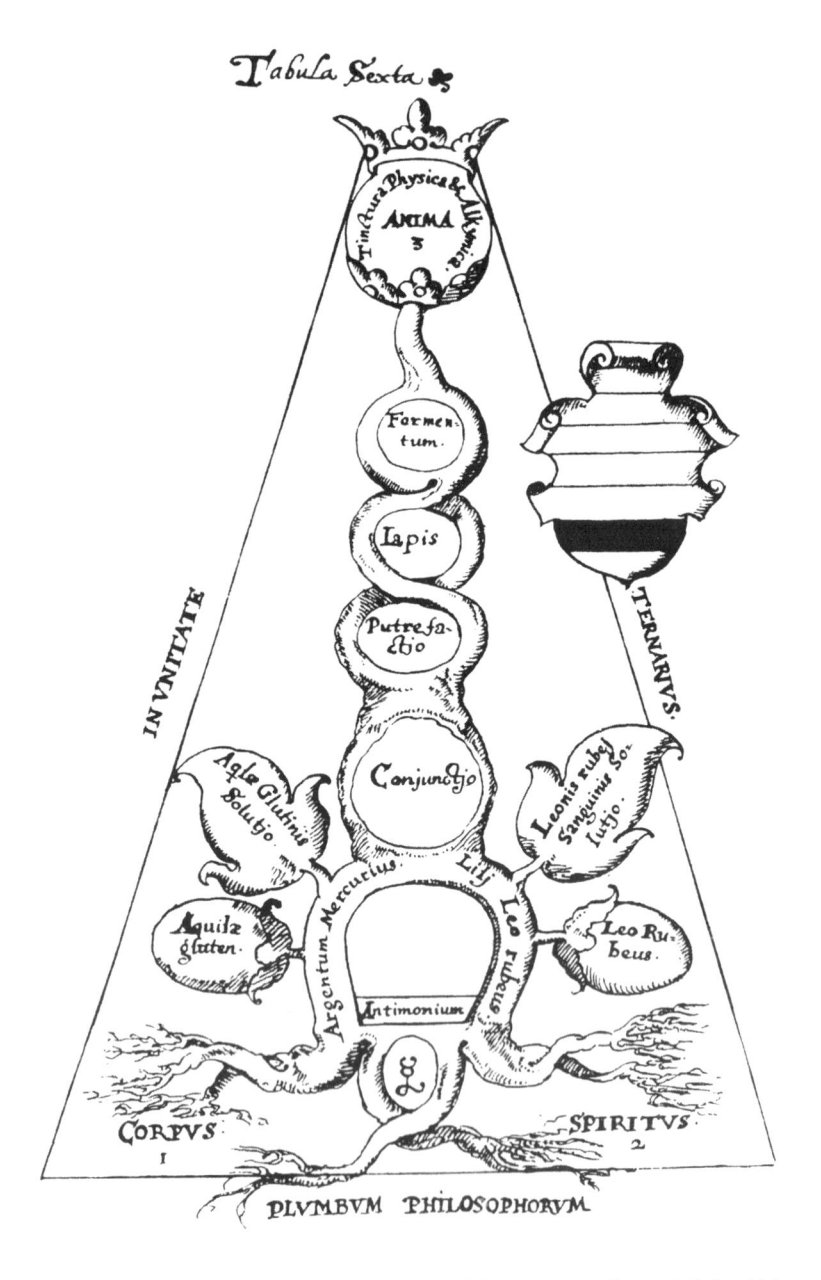

Plumbum Philosophorum, ilustração de George Ripley para a obra *Medulla Alchymiae*, ou "A Medula da Alquimia". Escrito em latim por George Ripley, cônego de Bridlington, que enviou da Itália em 1476 ao arcebispo de York. Traduzido para o inglês por William Salmon (*The Marrow of Alchemy*), professor de física, 79 páginas.

MANDALA 14

Plumbum Philosophorum

A mandala a seguir é uma ilustração que pertence a um manuscrito de meados do século XVII traduzido da obra *The Marrow of Alchemy*, de George Ripley, e que se encontra atualmente na Biblioteca Britânica (Ms. Sloane 3667).

A mandala tem a forma de uma Árvore da Alma, e exibe o entrelaçamento de duas energias arquetípicas ao longo de um eixo vertical. O fundamento da figura parece até mesmo se igualar ao esoterismo oriental dos *chakras*, os centros de energia sutil localizados ao longo da coluna vertebral. Esses chakras são descritos, no esoterismo oriental, como possuidores de correntes de energia da alma, as *nadis* Ida (lunar) e Pingala (solar) entrelaçadas e um canal central, o *Sushumna*, por onde corre a energia da Kundalini. A mandala, por sua vez, apresenta a mesma realidade arquetípica em termos alquímicos.

Na base da ilustração, vemos uma forma semelhante a uma ferradura, lembrando, também, os ossos pélvicos do homem. É na região da pélvis que se localiza o chakra da base, o *muladhara*. A figura apresenta quatro raízes e quatro produtos (duas folhas e dois frutos). Duas raízes encontram-se no Corpus (corpo) e duas no Spiritus (espírito). Assim, as raízes da Árvore da Alma extraem seu alimento tanto da nossa natureza física como da espiritual. Outras duas raízes aparecem entrelaçadas em torno do símbolo do Mercúrio, o Azougue vivo da alma, a energia da Kundalini, e essas raízes alcançam o Chumbo dos Filósofos, o domínio obscuro e profundo das forças e impulsos inconscientes da alma. Esse quixotesco Mercúrio, unindo paradoxalmente o lunar ☽, o solar ☉ e o terreno + – o espiritual e o material – também é representado por outra substância ambivalente, o Antimônio, metal que é ao mesmo tempo um não metal (trata-se de um metaloide). As quatro pétalas do *muladhara* são representadas por dois frutos – o Glúten da Águia Branca e pelo Leão Vermelho – também pelas duas folhas representativas do aspecto fluido e solúvel desses arquétipos – a solução do Glúten da Águia e a Solução do Sangue do Leão Vermelho. Essas são as duas Tinturas da Alma das correntes lunar e solar, a encarnação dessas energias da alma em sua substância; o Glúten da Águia corresponde às energias Ida (lunares), enquanto o Sangue do Leão Vermelho corresponde às energias Pingala (solares).

Essas duas energias, polarizadas no *muladhara*, devem reunir-se no chakra seguinte, mais elevado, o Centro Sexual (conhecido no esoterismo oriental como o chakra *svadishthana*, que, do ponto de vista alquímico, equivale à CONJUNÇÃO. Por meio da alquimia, podemos encontrar as correntes masculina e feminina, solar e lunar do nosso ser, sendo o centro sexual a região do ser na qual essas duas correntes podem ser interiormente unificadas.

O chakra seguinte é o Centro do Coração (chakra *anahata*), o órgão central dessa linha de chakras na alma. É o centro da Pedra Filosofal (a LAPIS). Se a Pedra está encarnada no centro da Alma, ela proporciona um sólido alicerce, a partir do qual podemos erguer a sutil arquitetura do nosso ser interior.

Acima desse ponto, encontramos o chakra da garganta (*visuddha*), onde repousa o FERMENTO ALQUÍMICO. Trata-se daquela substância sutil que traz a vida criativa para dentro das forças da alma. Ela fornece as energias fervilhantes, borbulhantes e criativamente expansivas da alma. Ela está encarnada na nossa voz humana, no nosso órgão da palavra, o principal canal da nossa expressão criativa. Esse fermento alquímico, entretanto, também energiza outros níveis de trabalho criativo.

Acima desse nível, temos a TINTURA, que repousa no chakra da testa. Esse, o lótus de duas pétalas (o chakra *ajna*) do esoterismo oriental, integra as duas correntes, Ida e Pingala, da alma. Como podemos ver na figura, os dois troncos da árvore da alma finalmente se fundem nesse ponto. O chakra da testa é o Centro da Alma do ser humano iluminado, que tem, assim, a habilidade de tingir tudo aquilo que toca com a alma.

Por fim, a Coroa no alto do diagrama corresponde ao chakra da coroa (*sahasrara*), o órgão da alma por meio do qual o ser iluminado percebe e se une com o Macrocosmo, juntando, assim, o Cósmico com o potencial interior do Terreno, o CHUMBO FILOSOFAL.

MANDALA 15

Diagrama das *Sepḧiroṭḧ* Representando o *Opus Magnum* em um Contexto Universal

Essa mandala, extraída da obra *Geheime Figuren der Rosenkreuzer* (*Símbolos Secretos dos Rosa-cruzes*), publicada em Altona em 1785 (Lâmina Um), também é encontrada no manuscrito D. O. M. A. da coleção de Manly Palmer Hall (Lâmina Dois). Trata-se de uma mandala relativamente tardia, datando do final do século XVIII. Entretanto, as raízes das ideias nela contidas está na tradição do simbolismo alquímico do final do século XVI e início do século XVII. A ilustração deve ser vista, portanto, como uma síntese tardia dessa tradição e, tal como as demais mandalas dessa compilação, consiste numa representação detalhada da visão alquímica rosa-cruz das forças envolvidas na criação e sua emanação por meio do processo de evolução espiritual do Cosmos.

Ela deve ser lida a partir do alto, começando pelo Eterno Não Criado, representado por uma irradiação esférica que passa pela estrela de seis pontas da Primeira Criação. Vemos abaixo outro reino espiritual, o da Hilé* Primordial, que posteriormente se divide entre os reinos da Luz e da Natureza, o Alto e o Baixo, o Externo e o Interno. Uma vez ocorrida essa separação entre Substância e Essência, cabe à humanidade reunir essas tendências opostas, processo que ocupa a parte inferior da mandala, simbolicamente representada na forma de uma complexa estrela de seis pontas.

---

* Hilé: vem da filosofia da Grécia Antiga – refere-se a matéria. (N. do T.)

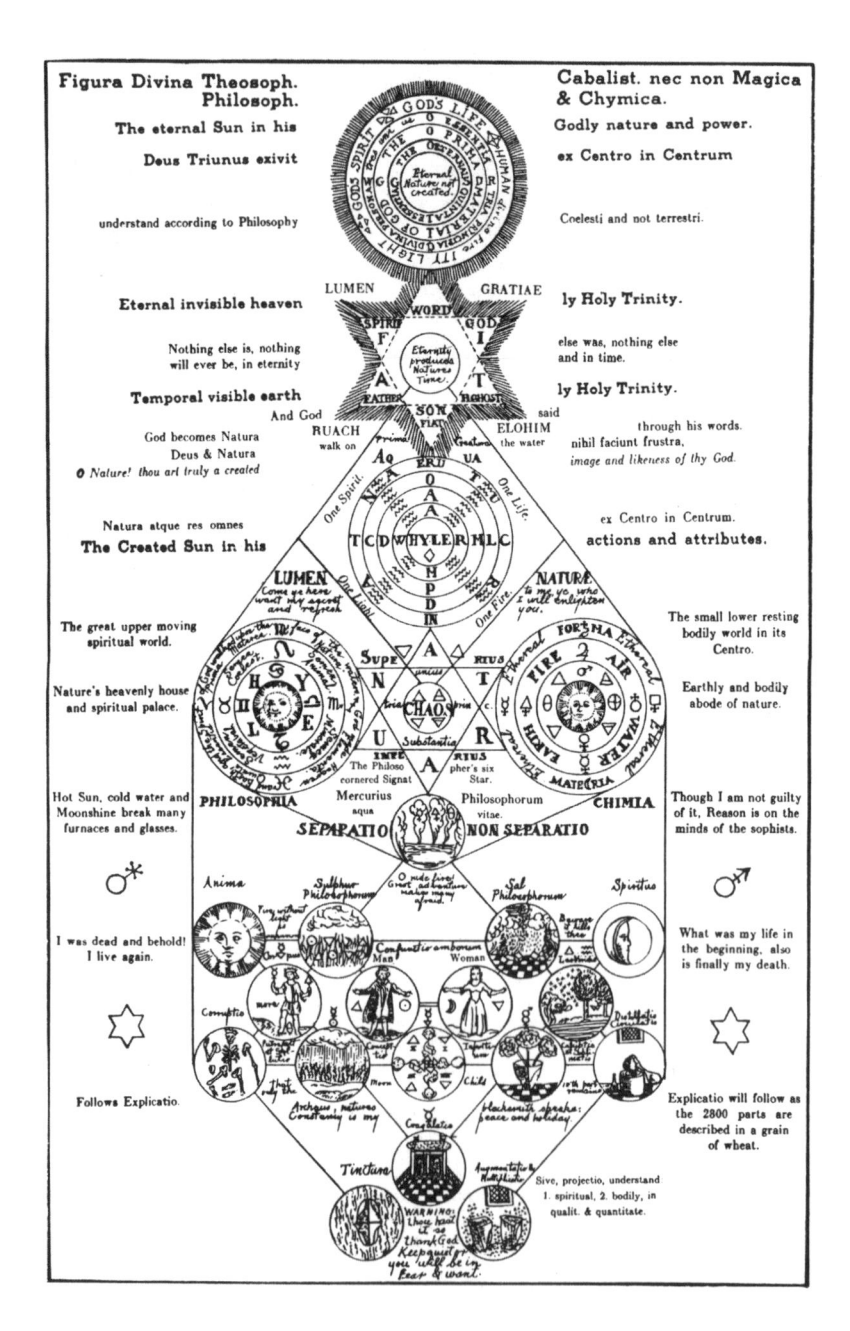

Diagrama das Sephiroth representando o Opus Magnum em um contexto universal, extraída da obra *Geheime Figuren der Rosenkreuzer* (*Símbolos Secretos dos Rosa-cruzes*), publicada em Altona em 1785 (Lâmina Um), também é encontrada no manuscrito D. O. M. A. da coleção de Manly Palmer Hall, de 1938 (Lâmina Dois).

Vamos olhar para cada um desses reinos, esses estágios da emanação, um por vez. O primeiro reino, o Não Criado, do qual emana a criação, é o domínio do Sol Eterno, envolto em sua Divina Natureza e Poder.

O Deus Trino encontra-se no centro e irá se dirigir para fora desse centro. A Eterna e Não Criada Natureza que está no centro carrega dentro de si o germe das três Pessoas de Deus, aqui representadas como três círculos ao redor do centro: o mais interior corresponde a *Geist*, o "Espírito" a "Eterna Quintessência"; o seguinte corresponde a *Gott*, Deus, a Matéria-Prima de Deus ou "Primeira Substância"; temos, então, a Palavra, os "Três Princípios em uma essência". A parte externa do círculo mostra o Espírito de Deus, a Vida de Deus e a Luz de Deus, o Fogo Divino, que encontram, todos, sua expressão na humanidade.

A Eterna e Invisível Trindade Celeste formada pelo Espírito, pela Palavra e por Deus, cada qual, pelo Decreto Divino, emana uma sizígia – a Sagrada Trindade Terrena, Temporal e Visível –, o Pai correspondendo a Deus, o Espírito Santo correspondendo ao Espírito, e o Filho correspondendo à Palavra. Nesse estágio da evolução espiritual, a Natureza e o Tempo nascem da Eternidade. É esse o significado da radiante estrela de seis pontas, a união da Trindade apontada para os céus e a Trindade apontada para a terra.

Esse estágio ainda existe num plano espiritual mais elevado, não tendo descido do seu nível superior na esfera do Não Criado. Ele contém o Alfa e o Ômega, o início e o fim da criação. Na Eternidade "Nada mais existe, nada mais existiu e nada mais jamais existirá".

Agora, o Espírito dá um passo em direção a uma personificação mais material. O *Ruach Eloim*, o Sopro de Deus da Primeira Criação, representado como a radiante estrela de seis pontas, paira por sobre as águas. Esse é o reino da Hilé, a substância raiz primordial (o *mulaprakriti* do esoterismo oriental), mostrado no símbolo circular contido no quadrado da quaternidade. Um Espírito – Uma Vida – Uma Luz – Um Fogo. A Quaternidade formada pelo Espírito, a Vida, a Luz e o Fogo espelha o Eterno Reino Não Criado. A Substância Primordial da Hilé possui quatro propriedades – calor, umidade, frio e a secura – como dimensões de sua existência, sendo

DIVINE FIGURE OF THEOSOPHY: CABALA: NOT ONLY MAGIC AND PHILOSOPHY, BUT ALSO CHEMISTRY

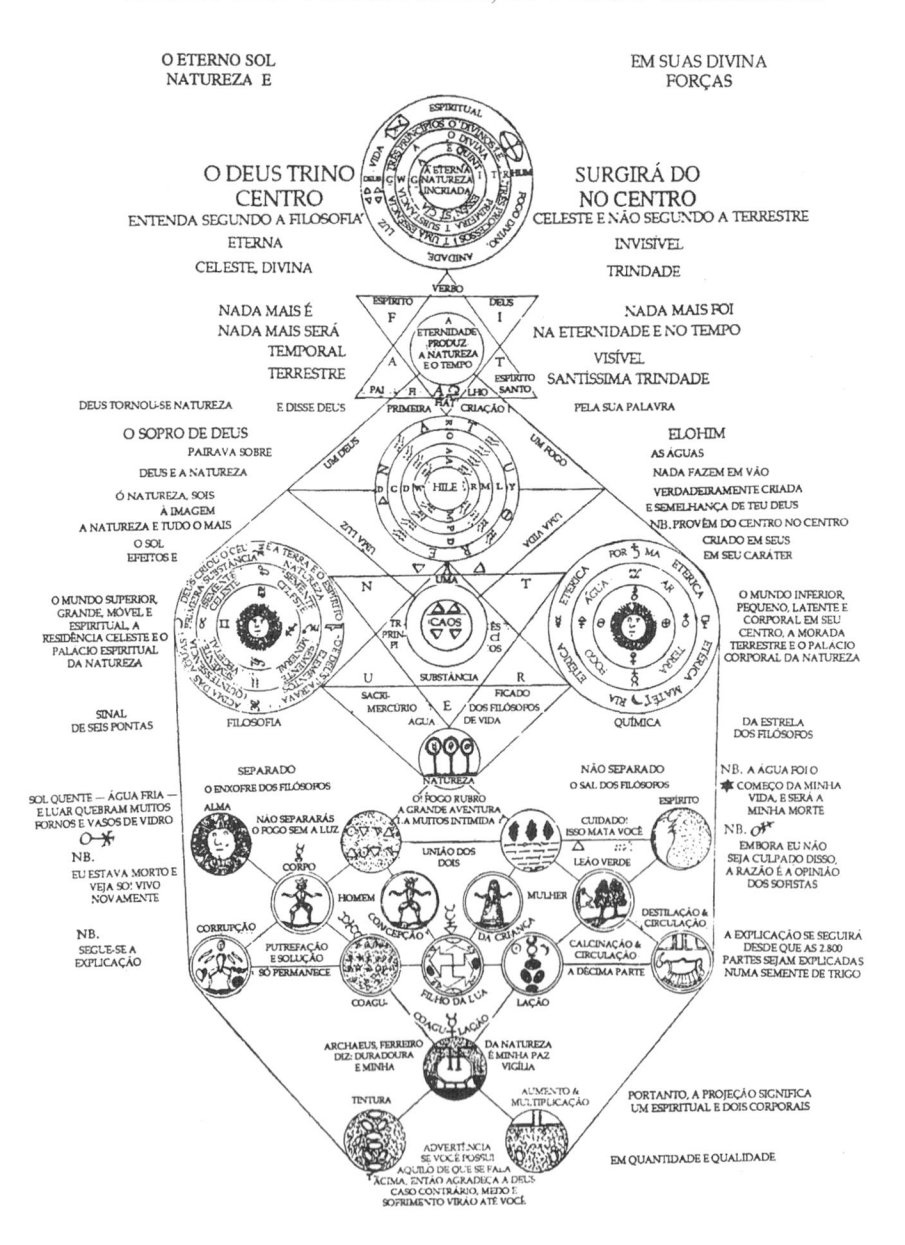

que essas, em um estágio posterior da evolução, criam os arquétipos dos quatro elementos. Nasce, assim, o reino da Natureza, criado à imagem e semelhança de Deus (o Eterno Não Criado).

A parte seguinte da figura exibe um estágio mais avançado da descida, no qual ocorre uma nova separação. Ela é simbolizada pelos triângulos interligados de uma estrela de seis pontas ao centro da mandala. Agora que a essência espiritual se comprometeu e se uniu com a Hilé, a substância primordial, ocorre uma densificação e a Hilé se transforma em Caos. Por meio desse processo, surge uma separação entre um mundo superior e um mundo inferior.

Esses dois mundos são representados como os dois universos esféricos à esquerda e à direita. À esquerda, temos o Mundo Espiritual, extenso, superior e móvel. É a morada celeste e o palácio espiritual da Natureza. À direita, o Mundo Inferior, pequeno, latente e corpóreo, contém em seu centro a morada terrena e o palácio material da Natureza. O mundo superior é o reino das estrelas, como podemos ver pelos símbolos zodiacais nos três anéis representados no diagrama. É o reino dos arquétipos criativos, "Deus criou o Céu e a Terra, o Espírito de Deus foi suspenso sobre as Águas". Dos arquétipos criativos emanam as essências espirituais da semente humana, da semente animal, da semente vegetal e da semente dos minerais. O mundo inferior é o reino dos planetas e dos elementos. Ele recebe as forças arquetípicas do reino superior, incorporando-as à substância por meio da atividade dos Éteres. Ambos estão centrados em torno do Sol Criado. Trata-se aqui do Sol em sua personificação natural e não espiritual, que, por meio dessas atividades e atributos, constitui o centro de toda criação. Esse Sol Criado representa a manifestação inferior do Sol Não Criado, pertencente ao domínio superior de nossa mandala.

A estrela de seis pontas dos Filósofos no centro da natureza é o ponto de separação e unificação entre o "em cima" e o "embaixo", entre a Forma e a Matéria, entre a Essência e a Substância. O arquétipo espiritual desceu até os quatro elementos, emergindo dali os Três Princípios numa única substância. A partir de então, por intermédio das operações da FILOSOFIA e da QUÍMICA, a essência que agora foi absorvida pela substância pode ser revelada e novamente ativada. Assim, a parte inferior de nossa estrela central de seis pontas alcança o reino do Mercúrio Filosofal e, a partir daí, segue todo o trabalho da evolução alquímica da substância.

A parte inferior de nossa mandala tem a forma de uma complexa estrela de seis pontas, com diversas operações alquímicas colocadas em seus vértices. Contemplando esse arranjo de símbolos, encontramos a chave para o trabalho alquímico que o homem deve empreender a fim de enobrecer a matéria, espiritualizá-la e levá-la ao estado de uma Tintura.

Temos, no alto, uma disposição triangular dos Três Princípios, o Enxofre e o Sal irradiados do Mercúrio Filosofal universal. Esses elementos estão ligados com os vértices externos da Anima (Alma) e o Spiritus (Espírito), portadores dos arquétipos solares e lunares. Eles se reúnem no terceiro vértice desse triângulo apontado para baixo, que se encontra na parte inferior da figura, no qual aparece a legenda Coagulação, que forma a base para o fechamento do trabalho:

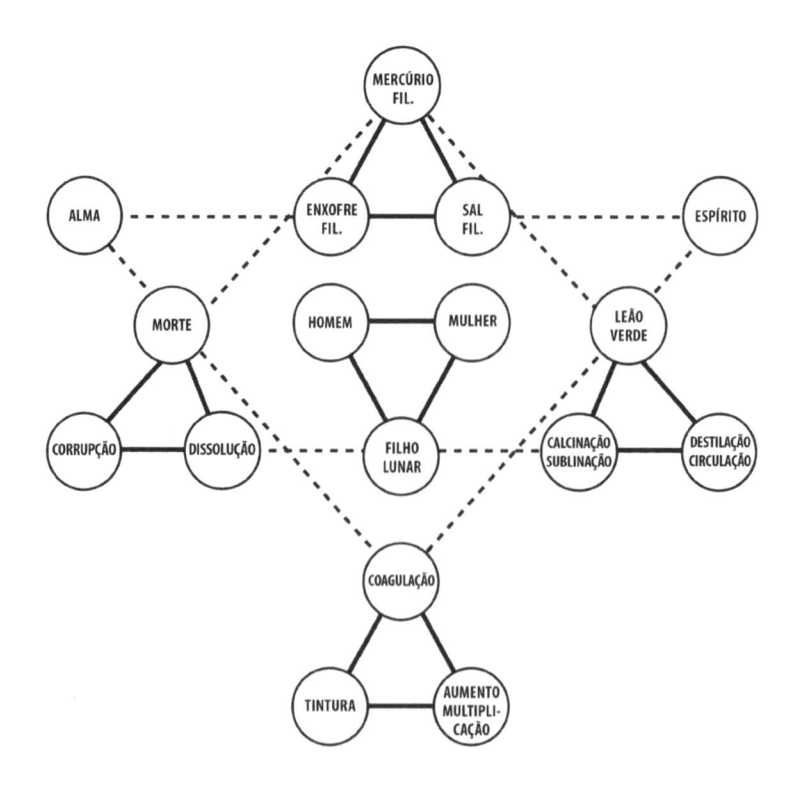

Esse diagrama se divide em quatro conjuntos de arranjos triangulares, refletindo os Três Princípios em diversos estágios do processo. Abaixo da Alma, vemos um triângulo formado por Morte – Corrupção – Solução. Trata-se do início do trabalho, a *nigredo* da *prima materia*. Segue-se, então, um triângulo invertido no centro da figura, formado por Homem – Mulher – Filho Lunar, a Concepção, a semeadura da *prima materia*. O Filho Lunar incorpora os quatro elementos de uma forma espiritualizada. Percebemos, em seguida, sob o trecho do Espírito, o triângulo Leão Verde – Calcinação e Sublimação – Destilação e Circulação. São esses os processos por meio dos quais a essência espiritual é absorvida na substância.

Por fim, na parte inferior, vemos o produto das forças solares e lunares dos estágios anteriores, fundidas em uma Coagulação, da qual emerge a Tintura e seu Aumento e Multiplicação.

Temos, assim, nesse esboço, um rascunho do trabalho alquímico que nós, no lugar único que ocupamos na ordem das coisas como seres humanos, devemos atuar sobre a matéria, elevando-a, por meio desse trabalho, ao estágio de Tintura espiritual. A meditação com essa mandala desenvolverá uma percepção interna do nosso envolvimento no processo de evolução espiritual do mundo material.

A Montanha dos Filósofos. Ilustração do célebre Manuscrito de Altona, publicado em 1785 sob o título *Geheime Figuren des Rosenkreuzer* (Símbolos Secretos dos Rosa-Cruzes), Altona, 1785.

MANDALA 16

A Montanha dos Filósofos

Essa mandala também aparece como uma das ilustrações do célebre Manuscrito de Altona, publicado em 1785 sob o título *Geheime Figuren der Rosenkreuzer* (*Símbolos Secretos dos Rosacruzes*), no qual é descrita como "a Montanha dos Filósofos", sendo acrescida da seguinte explicação:

> A alma dos homens em toda a parte foi perdida por uma queda, e a saúde do corpo ressentiu-se da queda, vindo a Salvação para a alma humana através de IEHOVA, Jesus Cristo. A saúde corporal é restituída por algo que não é aprazível de ser contemplado. Está oculto nessa pintura e é o supremo tesouro deste mundo, no qual se encontra o mais alto medicamento e a maior parte das riquezas da natureza, a nós concedidos pelo Senhor IEHOVA. Ele é chamado de *Pater metallorum*, sendo amplamente conhecido pelo filósofo sentado à frente da montanha-caverna e de fácil obtenção por quem quer que seja. Contudo, os sofistas, em seus trajes de sofistas, tateando as paredes, não o reconhecem. À direita, deve ser visto o *Lepus*, representando a arte da química, esplendorosamente branca, cujos segredos estão sendo explorados com o ardor do fogo. À esquerda, pode-se ver livremente o que é a verdadeira *Clavis artis*; não é possível ser muito sutil com ela, qual uma galinha chocando um pinto. No meio da montanha, diante da porta, há um destemido Leão com toda a sua altivez, cujo nobre sangue o dragão-monstro irá derramar, lançando-o numa cova profunda, de onde emerge um corvo negro, chamado então de *Ianua artis*, da qual provém a *Aquila alba*. Mesmo o cristal purificado na fornalha rapidamente revelará, numa averiguação, o *Servum*

fugitivum, uma criança prodígio para muitos artistas. No caso, o que efetua isso tudo é o *Principium laboris*. À esquerda, na tina, temos o *Sol* e a *Luna*, a inteligência do firmamento. O ancião nela planta o *Rad. Rubeam e Albam*. Agora proceda com constância e a *Arbor artis* se fará visível a você; com sua florescência ela agora anuncia o *Lapidem philosophorum*. Acima de tudo, a coroa da glória reina sobre todos os tesouros.

A mandala tem a forma de uma Montanha da Iniciação, à qual o iniciado deve ascender passando por diversos estágios. A montanha em si é cercada por um sólido muro de tijolos, possuindo uma entrada arqueada, onde se vê um ancião despido, que representa o Guardião da Entrada. Três figuras aproximam-se dele em busca de iniciação. A da esquerda tem os olhos vendados e se aproxima com insegurança. Ao lado dessa pessoa existe outra figura (possivelmente uma mulher) vestindo um chapéu adornado com uma grande e ostensiva pluma que parece cair-lhe sobre os olhos. Ela se apoia num dos joelhos, e está sobrecarregada por uma bolsa pesada. À direita, uma terceira figura faz um gesto, aparentemente de surpresa, por ter encontrado a entrada. Em primeiro plano, ao centro, uma lebre, ou um coelho, salta para dentro de uma toca, o que nos remete para a gravura rosa-cruz de Steffan Michelspacher representando a Montanha da Iniciação (ver Conjunto de Mandalas 6, lâmina três), na qual também aparece uma lebre ou coelho semelhante. A data de 1604, que se vê assinalada a direita, é a data simbólica da abertura da Sepultura de Christian Rosenkreutz segundo a lenda rosa-cruz. O ancião está voltado para a figura da direita. Os dois viajantes vendados provavelmente não encontrarão o caminho para o Portal da Iniciação. O Guardião da Entrada está sentado no tronco de uma árvore morta e intercepta a passagem. Aquele que consegue aprovação desse primeiro Guardião atravessa, então, o portão, percorrendo uma passagem que conduz para o interior da montanha. Temos aqui o primeiro teste do iniciado. O Portão do Guardião é guarnecido pelo símbolo de uma lebre à esquerda e uma galinha chocando ovos, à direita. Há dois caminhos a seguir no processo alquímico de transformação interior: seja pelas energias dinâmicas e ativas simbolizadas pela lebre, seja pela lenta, firme e paciente galinha chocando. Ambas as facetas devem ser cultivadas na alquimia.

Uma vez conscientizados desses aspectos do trabalho, o iniciado pode passar pelo guarda do portão e seguir pela passagem que leva para dentro e para a esquerda, emergindo mais acima, por entre as rochas empilhadas e guardadas por um dragão que cospe fogo. Tendo passado pelo primeiro Guardião e sobrevivido à passagem pela escuridão interior da Montanha, precisamos encontrar o dragão, imagem das energias primordiais não resolvidas do nosso inconsciente. Se tivermos a força interior necessária para passarmos pelo dragão, estaremos aptos a nos colocar numa plataforma que existe no centro da Montanha e investigar os seus mistérios.

No centro desse espaço, sobre uma grande rocha, vê-se um imponente Leão barrando o nosso caminho para o estágio seguinte. Nesse ponto, o iniciado já terá adquirido um conhecimento das energias primordiais do seu ser, porém ainda não as integrou. Ele deve ter a coragem de enfrentar o Leão, que é uma manifestação da alma humana. Em certo sentido, ele é uma representação do egoísmo que fatalmente pode vir à tona nesse ponto, um falso orgulho espiritual, injustificado e ainda não merecido. Porém, se conseguirmos vencer essa tendência em nós mesmos, passamos em seguida pelo terceiro Guardião, o Leão, e atingimos a porta para a torre da cidadela interior. Ali encontraremos dois pássaros da alma, o Corvo Negro e a Águia Branca. Esses pássaros da alma possibilitam-nos a vivência de diferentes domínios do nosso ser. O Corvo leva o indivíduo para as escuras profundezas do inconsciente, enquanto a Águia Branca voa alto para dentro do espírito e se precipita para baixo com uma essência de sabedoria espiritual.

À esquerda da Torre, vemos uma bacia ou tina de madeira, em cujo interior estão o Sol e a Lua. A imagem representa a purificação por meio de uma lavagem das facetas solar e lunar da nossa natureza. À direita, temos uma purificação por intermédio de destilação em um frasco colocado numa fornalha. A lavagem simboliza a purificação das impurezas ou acrescências *externas* da alma, enquanto a destilação simboliza uma purificação *interior* da alma. Atravessamos, então, o portal interior e nos colocamos dentro do santuário interior encastelado. À esquerda, temos a figura de um velho plantando uma árvore na tina que se encontra embaixo. Essa árvore viva extrai, de baixo, através de suas raízes, uma essência das forças solares e lunares, carregando-as como frutos na estrela de sete pontas (representando as forças planetárias) e o frasco. À esquerda, acima da fornalha, uma árvore despida de folhagens ostenta três estrelas (Sal, Enxofre e Mercúrio) e parece inclinar-se para a frente, absorvendo a fumaça ou a essência resultante da destilação na fornalha.

Nas alturas do santuário interior, temos a morada do Espírito Santo, na qual a alma do iniciado poderá habitar, olhando o mundo de cima, de um ponto privilegiado de consciência espiritual. No cume desse reino interno, temos um orbe com o símbolo do Vitríolo, ⊕. A mesma figura é vista em outra ilustração do mesmo manuscrito, descrito na Mandala 7, em que o indivíduo que procura é aconselhado a "visitar o interior da terra e, pela purificação, ali descubrir a Pedra Oculta". Esse orbe apenas pode ser alcançado, conforme já vimos, pelo iniciado que já empreendeu tal jornada interior. Como meta da jornada, existe sobre esse orbe uma coroa, significando o domínio espiritual alcançado por aqueles que atingem esse estado.

1604

Frontispício da obra *Aurum Hermeticum*, escrita em 1675 por Christianus Adolphus Baldinus, Amsterdam, 1675.

MANDALA 17

Frontispício da obra *Aurum Hermeticum*

A Mandala 17 é o frontispício da obra *Aurum Hermeticum*, escrita em 1675 por Christianus Adolphus Baldinus, e chama nossa atenção para a máxima hermética fundamental da Tábua de Esmeralda: "Aquilo que está em cima é semelhante ao que está embaixo, e aquilo que está embaixo é semelhante ao que está em cima".

Nos quatro cantos da gravura, vê-se figuras representando os elementos: Fogo e Ar aparecem no alto, respectivamente à esquerda e à direita; Terra e Água ocupam os cantos esquerdo e direito inferiores. Temos aqui os Deuses e as Deusas dos elementos, acompanhados de seus espíritos Elementares da Natureza – a Salamandra do Fogo, as Sílfides do Ar, os Gnomos da Natureza e as Ondinas da Água.

Vê-se, no interior do quadrado dos elementos, um espaço oval. No arco de cima vemos o Sol, a Lua e cinco corpos planetários, além da palavra latina Sxxxxxx, que significa "para cima". O sol possui o triângulo apontado para cima △ (Fogo), enquanto a Lua apresenta o triângulo apontado para baixo ▽ (Água). As mesmas figuras são vistas no arco inferior, abaixo do espaço oval, numa espécie de imagem refletida por um espelho. Nesse arco, temos escrita a palavra Deorsum, que significa "para baixo", numa alusão ao princípio "assim é em cima como é embaixo".

Esse equilíbrio recíproco de reinos separados, Superior e Inferior, é perfeito no que diz respeito às Esferas Cósmicas. Na Terra, entretanto, os planetas superiores e inferiores encontram-se em uma união mais ativa e dinâmica.

Pairando no ar, vemos o disco alado exibindo os triângulos interligados ✡ do Sol e da Lua que estão acima, e que emitem seus raios para baixo. Abaixo dele, num estranho recipiente cheio de água, vê-se uma imagem sombreada desse disco alado. Trata-se de dois reinos da alma humana, sendo que o disco alado no ar representa aquela parte da alma capaz de alcançar percepções espirituais superiores. O disco com a figura ✡, mostrando a unidade das forças solares e lunares, atua como um elemento de ligação com o Reino Superior. O recipiente com água, por sua vez, representa um Reino Inferior na alma, mais próximo ao mundo material da encarnação, aquela importante região, com frequência classificada, em tom depreciativo, como "inconsciente". É nesse aquoso reino interior que os impulsos espirituais são verdadeiramente digeridos, absorvidos interiormente e fixados na encarnação. Devemos, portanto, desenvolver essa imagem interna do disco alado em nossa inconsciência (como um negativo fotográfico), de modo que essa consciência possa tornar-se verdadeiramente parte de nossa alma.

À direita do recipiente, vemos um homem empunhando um machado, no processo de cortar alguma coisa em dois. Tal ação apresenta a legenda S<small>EORSUM</small>, "separado", um movimento à parte. Trata-se do lado analítico do pensamento, que fragmenta ideias e coisas em pedaços, a fim de descobrir seu mecanismo. À esquerda do recipiente, vê-se um banco com plantas crescendo saudáveis em vasos. A imagem traz a legenda H<small>ORSUM</small>, uma aproximação ou reunião de coisas. Temos aqui a faceta sintética do pensamento humano, que reúne as ideias e as percepções das coisas com o intuito de captar sua totalidade. O crescimento das plantas é visto como uma imagem da reunião do Superior com o Inferior de maneira harmoniosa. Atrás do homem com o machado, à direita, encontramos um homem girando um molinete no topo de um poço de mina, colocado nas colinas que exibem os minérios dos metais planetários.

Esses são os "planetas de baixo" na terra. O alquimista eleva-os, purifica-os, para unir o Superior e o Inferior.

A mandala refere-se, portanto, à união alquímica dos opostos: na condição de alquimistas espirituais, devemos reunir o Superior e o Inferior, os lados direito e esquerdo do nosso ser (refletidos, o que é muito interessante, nas funções analítica e sintética dos hemisférios cerebrais) no recipiente interior da nossa alma.

As Propriedades dos Sete Planetas ou Espíritos das Origens. Essa mandala aparece como uma ilustração na edição de 1682 da obra *Signatura Rerum*, escrita por Jacob Boehme, filósofo e místico luterano alemão.

MANDALA 18

As Propriedades dos Sete Planetas ou Espíritos das Origens

Essa mandala aparece como uma ilustração na edição de 1682 da obra *Signatura Rerum*, escrita por Jacob Boehme.

No alto, à esquerda, exteriormente à mandala propriamente dita, temos a SIGNATURA RERUM, a "Assinatura das coisas", apresentada na forma de uma cruz. É interessante observar que no braço vertical da cruz há uma polaridade: na borda superior, SIGNA está escrita no sentido ascendente, enquanto, na borda inferior, TURA está escrita no sentido descendente. As letras "V" e "A" também incorporam essa polaridade.

Quanto à mandala em si, vemos no seu topo um triângulo alado que ostenta o nome hebraico de Deus em quatro letras, יהוה. Ele irradia sete raios ou forças espirituais em direção às alturas do mundo espiritual. Abaixo do espaço circular central ocupado pela mandala, temos a Cidade Celestial, a Nova Jerusalém do 21º Capítulo do *Apocalipse*, com o Cordeiro ao centro e doze portões ao redor dele. Temos, assim, uma polaridade entre Deus, ocupando seu trono remoto no mundo espiritual, com a irradiação dos sete espíritos, e o estabelecimento dos princípios espirituais na Terra sob a forma da Cidade Espiritual. A Mandala, no espaço central, mostra o que deve ser integrado para promover a manifestação externa dessas forças espirituais, ocultas e remotas como o reino da Cidade Espiritual.

A mandala central está cercada por quatro chamas, representando os arquétipos espirituais dos quatro elementos que, acrescidos ao reino trino do Divino, fornecem os sete espíritos. O Divino atua por intermédio dos três componentes da Trindade – Pai, Filho e Espírito Santo – e também da Quaternidade dos Quatro Arcanjos dos Elementos e Direções do Espaço (Miguel, Uriel, Gabriel e Rafael), embora eles não sejam mencionados diretamente aqui. Eles têm sua existência nas alturas do Mundo Espiritual, sendo, porém, intermediados pelo reino zodiacal das estrelas. Assim, eles estão relacionados com ♉ o Touro, ♌ o Leão, ♏ a Águia e ♒ o Homem.

Os doze signos do zodíaco, nessa esfera central, também guardam uma relação com as doze portas da Jerusalém Celestial. Esses quatro arquétipos são ainda transmitidos para a região central do espaço mundial da mandala pelos espíritos planetários ♂, ♄, ♃ e ♀. Boehme refere-se aos planetas como as Sete Propriedades e os conecta com a Visão da Divindade e com os sete castiçais do Capítulo Um do Apocalipse. Ele interpreta as Sete Estrelas dessa visão como princípios espirituais exteriorizados nos corpos planetários.

Na parte de cima, no topo do espaço circular da mandala, um triângulo alado em chamas carrega o Disco Solar. Trata-se de um reflexo do triângulo espiritual superior no reino intermediário das estrelas, o mundo astral. Abaixo, polarizado com esse triângulo em chamas, temos o quadrado em forma de Cubo com a figura da Lua crescente. Essa é a Pedra Fundamental da Jerusalém Celestial, a Pedra Angular do Cristo. Podemos perceber que ela traz dentro de si um triângulo sombreado voltado para baixo; também podemos perceber que o disco Solar acima possui dois quaternos de chamas radiantes. O alquimista deve unificar o Três com o Quatro, isto é, deve trazer a Trindade espiritual para o mundo material dos Quatro Elementos. Esses elementos, quando somados, formam os Sete Princípios e, quando multiplicados, resultam nos doze portões zodiacais da Nova Jerusalém.

Além dessas polaridades, percebemos que a mandala é dominada por um símbolo que não se encontra explicitamente configurado. Trata-se do Mercúrio ☿, cujo símbolo planetário é formado pelas duas asas do triângulo solar, o círculo interior central da mandala e a cruz quaternária definida pela Pedra Cúbica. Mercúrio, a substância viva da alma humana, reúne as polaridades, o espiritual e o material. Também notamos que os símbolos dos planetas situados acima da linha mediana da mandala, ♂ e ♄, têm a cruz da matéria em sua parte superior, enquanto os planetas situados abaixo dessa linha, ♀ e ♃, têm a cruz material em sua parte inferior.

Como alquimistas utilizando essa mandala, devemos colocar a nossa consciência no ponto central e, usando o Mercúrio interior da alma, unificar o que está em cima com o que está embaixo, o espiritual e o material, a fim de contribuirmos para a construção da Nova Jerusalém.

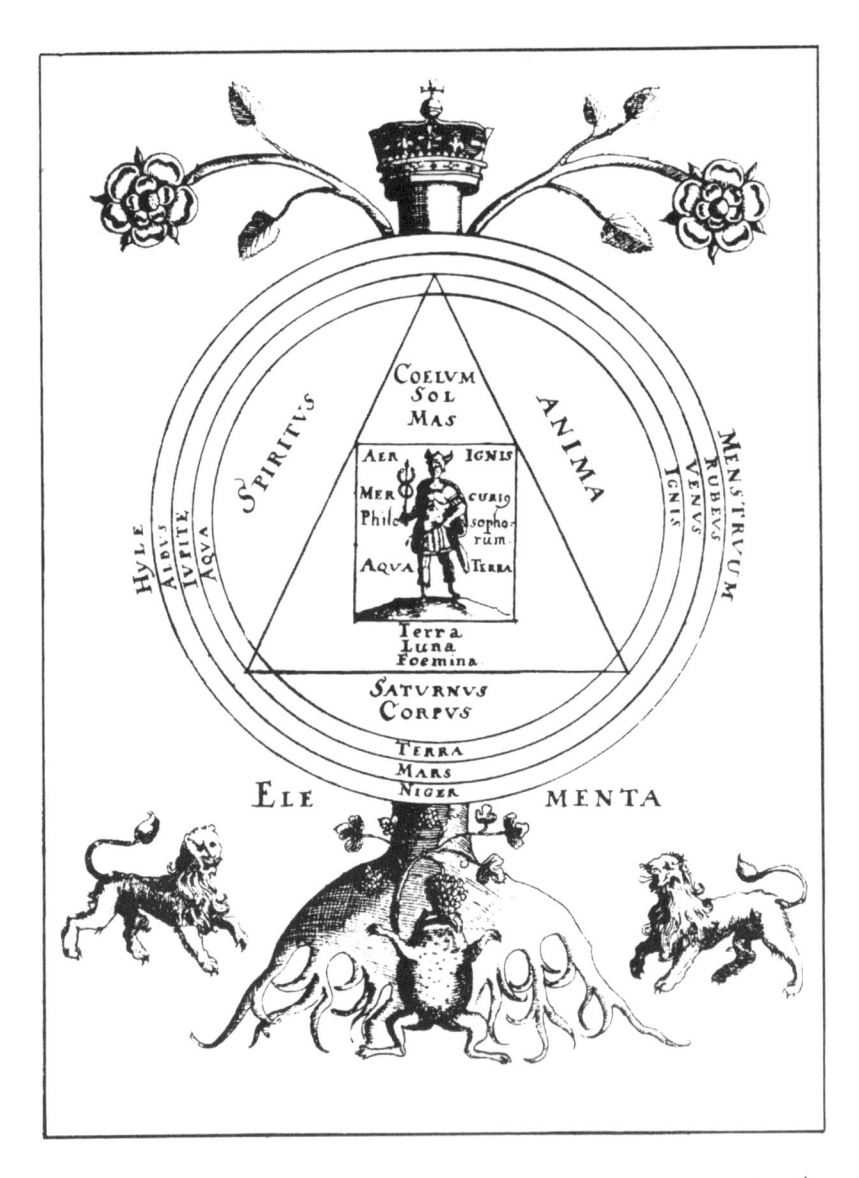

Xilogravura representando o sapo como parte da *prima materia* na raiz da "Árvore Alquímica". O sapo aparece nas raízes da "Árvore da Grande Obra", com dois leões em seus lados. O sapo alcança as uvas acima dele, numa clara referência às imagens da obra *The Vision*, de George Ripley, com comnetários de Eirenaeus Philalethes, contida no livro *O Compêndio da Alquimia; ou, os Doze Portões que levam à Descoberta da Pedra Filosofal (Liber Duodecim Portarum)*, de 1471. Imagem extraída da obra *Mercurius Redivivos Sev Modus Conficiendi Lapidem Philosophicum Tàm Album Quàm Rubeum È Mercurio*, de Samuel Norton, publicada em 1630.

MANDALA 19

Xilogravura do Século XIII Representando o Sapo Como Parte da *Prima Materia* na Raiz da "Árvore Alquímica"

Essa mandala, extraída da obra de Samuel Norton, *Mercurius Redivivus, Sev Modus Conficiendi Lapidem Philosophicum Tàm Album Quàm Rubeum È Mercurio*, publicada em 1630, sintetiza os aspectos circulares e arbóreos das mandalas ocidentais, já abordados em diversas partes deste livro.

Podemos ver que a mandala está concentrada numa árvore, na verdade, uma roseira. Veem-se as raízes estendendo-se para baixo, enquanto as flores crescem para o alto, por cima do espaço circular central da mandala. Esse espaço central integra o Três, o Quatro e o Dois. No mais exterior desses círculos, lê-se a palavra Hile, a energia primordial e sem forma ou substância da criação, e Menstruum, o útero da forma, para dentro do qual essa energia primordial foi impelida, dando origem aos quatro elementos, enquanto síntese desses dois fatores. O círculo seguinte em direção ao centro apresenta o Albus, ou aspecto lunar e branco do trabalho, o Rubeus, ou estágio solar vermelho, e o Niger ou *nigredo*, formando uma triplicidade análoga, sendo todos os fatores interligados num todo, nenhum deles existindo independentemente dos demais. Em seguida, encontramos as três formas planetárias divinas: Vênus, Marte e Júpiter. Temos, assim, o masculino (as forças de Marte) e o feminino (as forças de Vênus) reunidos num equilíbrio pela lei de Júpiter. O círculo mais interno apresenta três dos elementos: Fogo, Água e Terra.

No interior do círculo, tem um triângulo com vértice apontado para o alto, sendo que podemos visualizar outro triângulo ligando as outras triplicidades nos quatro círculos exteriores, com seu vértice apontado para baixo. Podemos, assim, traçar a forma encadeada do Selo de Salomão, os triângulos interligados ✡. O triângulo apontado para cima interliga Espírito – Alma – Corpo, sendo o *Corpus*, ou corpo, associado aqui ao reino saturnal, a obscura *prima materia* da qual emerge o espiritual. Dentro desse triângulo, é construído um quadrado, cujos quatro lados correspondem aos quatro elementos, e em cujo centro vê-se a figura de Mercúrio, o Mercúrio Filosofal, equilibrando e reunindo as polaridades do celestial e do terreno, do Sol e da Lua, do masculino e do feminino.

A mandala central está sobreposta ao tronco da roseira, ligando aquilo que está sendo trabalhado no mundo das raízes, das obscuras e terrenas forças saturnais e aquilo que aponta para o alto, para os céus, as flores e a coroa. Embaixo, na base das raízes, um sapo (ele próprio um símbolo do obscuro reino saturnal da *prima materia*) ergue-se de sua posição normal, prostrada, e passa a comer as frutas da videira que crescem em volta da roseira. Veem-se, ainda, dois Leões guardiões na base do tronco.

Parece haver aqui um elo definitivo com a Árvore Cabalista da Vida. Isso não quer dizer que o criador dessa imagem tenha-se valido necessariamente de uma tradição cabalista, mas que ele captou a mesma estrutura em sua visão de mundo. Assim, a Coroa pode ser vista como a *Sephirah Kether*, enquanto as duas rosas, a vermelha e a branca, podem ser vistas como *Chokmah* e *Binah*. O Mercúrio dos Filósofos é o elemento de ligação; é a seiva da árvore que se eleva e cai no tronco, ascendendo da terra escura da *prima materia* em direção à sua florescência nas duas rosas que aparecem no alto. Esse *Mercurius Philosophorum* guarda uma relação com a *Sephirah Tiphareth* do diagrama da Árvore da Vida. Podemos ver os triângulos interligados incorporando os demais aspectos geométricos da Árvore.

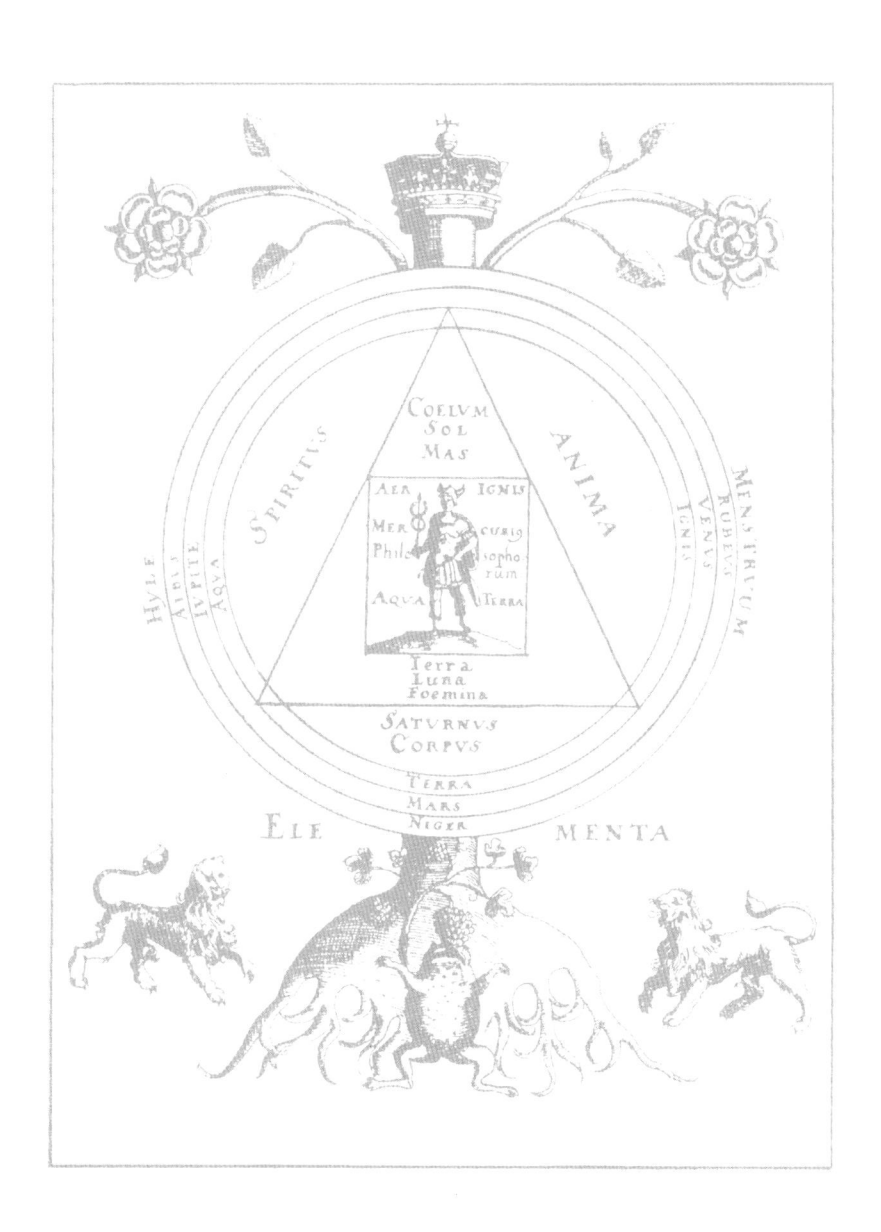

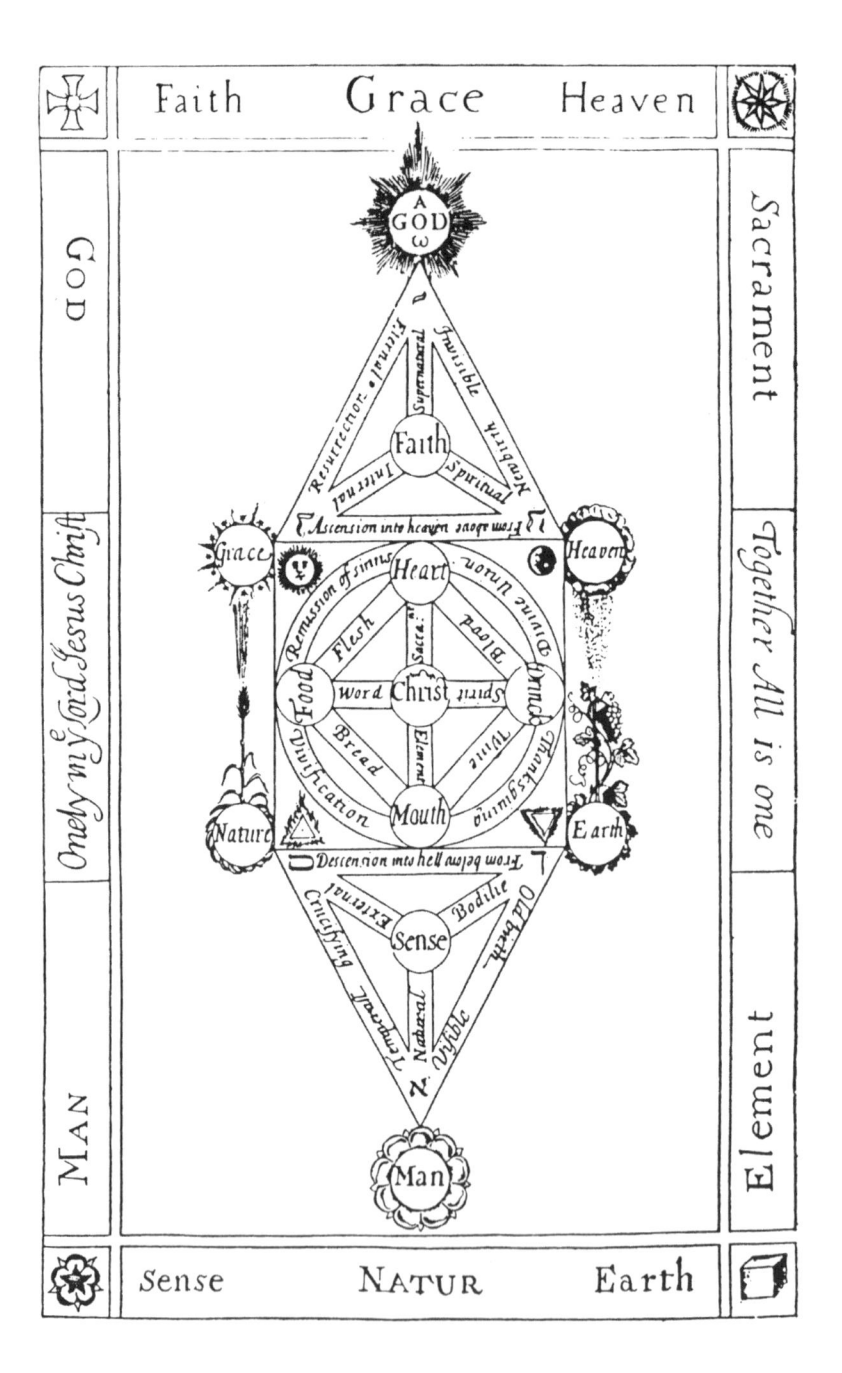

Fronstispício da obra Mysterium Magnum – Erklärung über das erste Buch Mosis, de Jacob Boehme, 1623. Esse diagrama Boehme incorpora a "Árvore Cabalística da Vida" e os tradicionais "Quatro Elementos", uma mandala cristã e outros temas correlatos.

MANDALA 20

Frontispício da obra *Mysterium Magnum*, de Jacob Boehme

Essa lâmina, extraída do *Mysterium Magnum*, de Jacob Boehme, parece, de início, um diagrama convencional da "Árvore Cabalística da Vida". Como ela poderá ser explorada muito facilmente pelo leitor, abordaremos aqui as simetrias internas e as correspondências atuantes na geometria da mandala.

Notamos imediatamente que ela está centrada no Cristo e reúne o mundo de Deus (em cima, no Sol radiante) e a humanidade (situada embaixo, na rosa de nove pétalas). Esse espaço central da mandala tem uma forma quadrangular e em seu topo vemos um triângulo apontado para cima que leva até Deus, enquanto de sua base se projeta um triângulo apontado para baixo.

A mandala integra ideias relacionadas com os sacramentos. O espaço central integra e reúne diversos aspectos dos sacramentos no Cristo Central. Há duas polaridades atuando: a do superior e a do inferior (espírito/matéria) e a da direita e a da esquerda (masculino/feminino, ativo/passivo). Em torno do Cristo central temos, em um nível material, o Vinho e o Pão, que guardam uma correlação espiritual com a Carne e o Sangue. O círculo ao redor do quadrado acrescenta, ainda, as correspondências do Pão (Vivificação), do Vinho (Ação de Graças), da Carne (Remissão dos Pecados) e do Sangue (Divina União), sendo considerados as quatro importantes facetas dos sacramentos. Temos, à esquerda, planta de trigo (que desabrocha no reino da Natureza) e, à direita, a Videira (colocada no reino da Terra). Ambas as plantas estão recebendo um impulso que vem do alto. O grão de trigo recebe os raios calorosos do Sol, enquanto a videira recebe um banho de chuva. O trigo pode ser visto, nesse caso, como a personificação do elemento Fogo, enquanto a videira pode ser vista como uma personificação do princípio da Água, símbolos que aparecem ao lado das plantas. No reino Superior, isto é, nas esferas da Graça (*Grace*) e do Paraíso (*Heaven*), essa água e esse fogo estão personificados pelo Sol e pela Lua respectivamente.

Portanto, o ilustrador de Boehme – e não estou certo se pode ou não ser atribuído a Johann Georg Gichtel ou Dionysius Andreas Freher – quer que visualizemos os sacramentos cristãos como resultantes do encontro de duas correntes: uma que desce do alto (Graça e Paraíso) e outra que se eleva de baixo (Natureza e Terra), por meio das duas plantas arquetípicas, o Trigo e a Videira. Na Terra, elas constituem a base do Alimento e da Bebida, podendo, contudo, ser consideradas sacramentos dotados de força espiritual, alimentando o coração e a alma.

O triângulo apontado para cima se reflete naquele que está apontado para baixo. Assim, no triângulo voltado para cima, temos יהו (imagem refletida de יהי, Jehovah [Jeová]), enquanto embaixo temos אדם, Adam (Adão).

O triângulo de cima está centrado na Fé, em suas três dimensões, como Fé Espiritual, Fé Interior e Fé Sobrenatural, ligadas pelas três letras. Os três lados do Triângulo apresentam dois conjuntos de termos:

| Ascensão para o Paraíso | Ressurreição | Novo Nascimento |
| A partir de cima | Eterno | Invisível |

Abaixo, no triângulo decrescente no Sentido, temos o Sentido Corpóreo, o Sentido Natural e o Sentido Aparente, como as três facetas que unem as letras do nome ADM (Adam). Os três lados do triângulo mostram:

| A Descida para o Inferno | A Crucificação | O Velho Nascimento |
| A partir de baixo | Temporal | Visível |

O diagrama em seu todo indica que, "junto, tudo é um só". Essa afirmação é colocada num espaço retangular, em cujas extremidades vemos o cubo da Terra, a Rosa de Cinco Pétalas dos Sentidos, a Cruz da Fé e a Rosa-dos-Ventos simbolizando o Paraíso.

Esses quatro reúnem as polaridades do reino da Graça e do reino da Natureza. Boehme vê esses reinos unindo-se nos Sacramentos que provêm dos elementos da Natureza e da Terra e que se tornam, ainda, os veículos da Graça e da Impressão Celestial.

Árvore da Vida Alquímico-cabalista. Ilustração encontrada em uma cópia manuscrita sobre alquimia (*Opera Chemica*) editada no século XV com forte influência de Raimundo Lúlio (1232-1315), importante escritor, filósofo, poeta, missionário e teólogo catalão.

MANDALA 21

Árvore da Vida Alquímico-Cabalista

Essa ilustração é encontrada em uma cópia manuscrita, feita no século XV, de uma obra "lullista" sobre alquimia. É improvável que essa *Opera Chemica* tenha realmente sido escrita por Raimundo Lúlio (1253-1316), sendo, possivelmente, um trabalho pseudolullista, escrito depois de sua morte por alguém que estivesse trabalhando no espírito do pensamento lullista.

Os escritores lullistas caracterizam-se por uma sistematização de ideias filosóficas e teológicas, adotando três formas básicas de diagramas: arranjos circulares ou Rodas, divididos em vários segmentos, cada qual apresentando uma letra e estando associado a uma ideia; Árvores, nas quais o inter-relacionamento de ideias é apresentado por intermédio de diagramas ramificados em forma de árvores; e Escadas, nas quais se exibe a estrutura hierárquica de certas ideias, cada ideia ocupando um degrau separado. Tais representações diagramáticas da filosofia constituem a Arte Lullista da Memória, uma sintetização de ideias em um todo, passível de ser captada por um diagrama enquanto totalidade. Podemos perceber nitidamente que os diagramas e ilustrações subsequentes, dos séculos XVI e XVII, valem-se, com frequência, de uma espécie de estrutura lullista como um esqueleto para o seu desenho. A maior parte dos primeiros diagramas lullistas é inteiramente abstrata, ao passo que o exemplar aqui reproduzido (que possivelmente é tardio) apresenta o uso evocativo de imagens artísticas como as que se espera encontrar nas obras alquímicas da Renascença. No uso que ele faz do simbolismo há uma transcendência do puramente abstrato, em busca da adoção imaginativa de símbolos que falem diretamente à alma, e não apenas à mente por meio da abstração. Os diagramas dessa categoria destinavam-se a um trabalho interno, sob forma de exercícios de meditação, não sendo elaborados para fins de meras ilustrações ou tabulações de ideias abstratas.

A gravura está centrada numa árvore enraizada na terra. Seu tronco cresce, passando por um recipiente, formando sete ramificações principais que constituem a morada de uma serpente. Em torno dos galhos dessa árvore, vemos oito círculos, uma estrutura quaternária, criada por quatro figuras colocadas nos cantos da ilustração.

Na parte superior, ao centro, vê-se um professor em sua cadeira, com um emblema em que se lê a declaração: "Eu sou mestre em Ciência Natural".

As quatro figuras que cercam a Árvore apresentam afirmações com respeito ao Dragão-Serpente.

O Mestre-Escola do canto superior esquerdo declara: "Saiba que esse Dragão nunca morre, exceto com seu irmão ou irmã".

O Mestre-Escola do canto superior direito anuncia: "Saiba que esse Dragão mata a si mesmo com seu próprio dardo, ao engolir seu próprio suor".

O Rei, no centro inferior esquerdo, anuncia: "Eu sou o Rei, forte e poderoso, que nada teme senão o Dragão".

O homem jovem no canto inferior direito declara: "Eu sou o homem nu e o mendigo astuto, de natureza forte porque tenho braços e fui criado para matar o Dragão, libertando você do medo e do terror".

Assim, nos é revelado o trabalho essencial desse processo, a transformação do Dragão-Serpente. Essa Serpente representa a energia primordial da alma, a energia psíquica bruta, as potencialidades internas daquilo que amedrontava tanto os patriarcas da tradição judaico-cristã que eles o colocaram na Árvore do Jardim do Éden como o Tentador. Os alquimistas, entretanto, tinham consciência de que não poderiam negar o ser, a essência da serpente em suas almas; que precisariam encará-la e entrar num acordo com ela, mesmo que houvesse perigos a serem encarados nesse caminho. (A serpente também foi identificada em outras tradições, talvez a mais conhecida sendo a do esoterismo indiano, em que ela é retratada como a energia *Kundalini*, a "Força da Serpente" que existe na alma.)

Os Mestres-Escola apontam para o fato de a Serpente (*Kundalini*) não morrer (ou seja, transformar-se), "exceto com seu irmão ou irmã" (as correntes Pingala-solares e Ida-lunares da alma, análogas à *Kundalini-Shushumna* ou canal central de energia). Esse Dragão-Serpente "mata a si mesmo com seu próprio dardo", sendo transformado por suas próprias forças interiores, "ao engolir o próprio suor", trabalhando e transmutando sua própria substância. O velho Rei representa a massa endurecida e fossilizada de experiências e recordações da alma do alquimista que pretende enfrentar a Serpente. O homem jovem está nu, despido das experiências do passado que aprisionam a faceta do Rei, sendo ele, portanto, aquela parte da alma que vive no momento presente como um "mendigo astuto".

A ilustração está centrada numa árvore que cresce para o alto, firmemente enraizada na terra. Ela apresenta sete ramificações principais, nas quais se veem nove rostos, além da figura de três cabeças na base do tronco. Elas formam as dez *Sephiroth* da conhecida Árvore Cabalística da Vida. (A *Sephirah Tiphareth* é aqui representada num local ligeiramente mais elevado do que o usual, porém a geometria é óbvia.) As cabeças são coloridas de várias maneiras, uma dourada, outra cor de cobre, algumas prateadas e outras com um cinza-metálico escuro. São esses os sete metais planetários, ou forças de Saturno, de Marte, de Vênus, de Mercúrio, do Sol e da Lua existentes na alma. Em torno do tronco central da árvore está enroscada uma serpente verde, sua cabeça entrelaçada na *Sephirah Kether*, representada como a cabeça dourada de uma mulher, enquanto a cauda desce até *Yesod*, representado como um homem coroado, de cabeça prateada. Essas *Sephiroth* representam a sutil arquitetura da alma, a estrutura interna da psique, a equilibrada árvore de forças que reúne as faces superior e inferior, celestial e terrena da alma. Tal união se dá por meio de três pilares ou canais – os canais de Pingala, Ida e Shushumna, as correntes solar, lunar e central da energia da alma.

A Árvore apresenta quatro legendas, inscritas em faixas, uma apontada para cima e a outra para baixo. Elas representam os quatro níveis arquetípicos na Árvore. Do alto para baixo, lê-se:

"Após ter sido colocado no útero, e depois das núpcias, as cores são o verde e o citrino."

"Ele o entrega à morte com seu odor, para que possa existir em vida."

"Ele não morre, a menos que pareça morto."

"Aquele que me mata e me dá a minha alma, deve se regozijar para sempre comigo."

Vemos, na base do tronco da Árvore, na posição da *Sephirah Malkuth*, uma figura de três cabeças, sendo a central de cor dourada. Do pescoço dessas três cabeças, três fluidos escorrem em espiral, ao redor do tronco da Árvore, para dentro do grande recipiente ou cálice. Temos aqui o vasto oceano inconsciente de nosso interior; os fluidos da árvore representam os três elos arquetípicos ligados com o lado consciente de nossas almas. Esses elos normalmente são caracterizados na alquimia como as energias do Sal, do Enxofre e do Mercúrio existentes na alma. O SAL representa a tendência da alma que promove o endurecimento, a materialização, a cristalização e a precipitação dos impulsos da alma. O elemento ENXOFRE é encontrado no ímpeto ardente e radiante do entusiasmo da alma em relação a alguma faceta da vida da alma, energia luminosa arremessada aqui e acolá, móvel, atingindo e tocando muitas coisas. O arquétipo do MERCÚRIO sintetiza e equilibra as tendências do Sal e do Enxofre, tornando o elemento construtivo do Sal mais volátil e a natureza intangível do Enxofre mais sólida e fixa.

Encontramos essas três facetas arquetípicas da energia psíquica tanto no reino consciente como no reino inconsciente da alma; na verdade, a energia se movimenta incessantemente entre os dois. A alma, assim, poderá manifestar uma tendência "sulfúrica" com respeito a determinado aspecto da experiência da pessoa tanto por meio de uma decisão consciente como pelo mundo inconsciente, o que também se aplica aos outros dois dentre os Três Princípios. Eles se encontram e correm juntos nas águas da inconsciência, no cálice que guarda a substância esverdeada e viva da alma. As três cabeças nos conectam com os canais psíquicos de Ida – Pingala – Shushumna, sendo que as cabeças à direita e à esquerda alimentam duas cegonhas; a da esquerda é dourada e a da direita tem cor prateada. Elas são uma representação das *Nadis*, ou canais de Pingala e Ida. As cegonhas são conhecidas como aves que comem serpentes, imagem adotada na tradição de ilustração alquímica (ver, por exemplo, a gravura de Mattäus Merian para a página de rosto da *Arcadia* de Phillip Sidney, publicada em 1630). Aqui, esses dois pássaros da alma, que correspondem às forças solares e lunares, mantêm a serpente confinada no canal central, o canal da síntese, o qual é não polarizado e que, na verdade, reúne as duas polaridades. Caso o dragão-serpente penetrasse os canais solares ou lunares, a alma receberia um fluxo distorcido de energia, acarretando, para o praticante, problemas psíquicos e desequilíbrio. Assim, as cegonhas são figuras tutelares, prontas a engolir as forças da serpente caso ela se intrometa em regiões indevidas da alma.

Os galhos da árvore são rodeados por uma aura de sete círculos, além de um circuito interno, correspondendo aos Éteres e aos Elementos. Os três círculos periféricos (incolores) correspondem aos três Éteres. Os quatro círculos seguintes na direção do centro correspondem ao Fogo, ao Ar, à Água e à Terra. Temos aqui as seguintes legendas:

Círculo Periférico. "Observa que, ao fim do décimo mês, a esposa está pronta, quem então nasce é um dos mais generosos reis, coroado com um diadema na cabeça. Portanto, pegue o seu rei oriundo do fogo, coroado com um diadema, e nutre-o com o seu próprio leite, até que ele atinja idade e natureza perfeitamente completas."

Segundo Círculo. "E porque ele está preparado para gerar e criar filhos no propósito de reabastecer a terra e acompanhar seus filhos e filhas até a primeira, segunda, terceira e quarta gerações, fica sabendo que esses filhos e filhas não podem redimir-se senão pressionando o sangue para fora e com ele manchando as cinzas, porque não há remissão antes que tais feitos se cumpram."

Terceiro Círculo. "Derramando o sangue e espargindo as cinzas, forma-se o divino círculo, e os nomes assinalados na página sagrada, as leis da vida e as coisas naturais sobre as quais tenho poder emanaram, acreditamos, do Inefável."

Círculo Vermelho. "Este é, de fato, o elemento do Fogo."

Círculo Marrom-Amarelado. "Verdadeiramente o elemento do Ar também empreende muitas obras, unindo-se aos homens que o possuem, de modo que, naquele Dia, ele segue adiante em um estado revigorado e belo."

Círculo Verde: "Agora o elemento da Água, quando foi preparado de maneira adequada e verdadeira, do modo que você o conhece, opera maravilhas... <trecho danificado no manuscrito>... e regula o pulmão."

Círculo Azul: "Verdadeiramente, o elemento da Terra, quando foi separado e dividido, divide tudo e é o tesouro do trabalho e expulsa a escória da saliva e coagula Mercúrio."

Círculo Laranja: "Haverá uma ótima pergunta (feita a mim por meu amigo) e aquele que compreendeu a grande pergunta de modo claro e acertado, esse terá a Pedra Filosofal."

O alquimista precisa trabalhar com os sete reinos dos Éteres e Elementos se pretende dar continuidade ao trabalho.

As duas afirmações colocadas à direita e à esquerda, próximas ao Rei e ao jovem nu, talvez resumam a interpretação esboçada acima:

À esquerda: "Permita que o leitor observe a serpente nos galhos, junto aos três vivos rostos verdes; deixe que a habilidade do trabalhador ciente do que está fazendo apresse-a dali para o buraco, na forma de água potável, ansiada pelo sedento, para que ela una as cegonhas; isso ocorre quando elas a engoliram. Já vi os três rostos dando lugar a um único produto, ao serem enterrados juntos e ao tomarem consciência uns dos outros em seu casebre. Assim dizendo, deixe-nos prosseguir para as águas frescas do útero."

À direita: "O grupo familiar que se encontra nas montanhas está unido na árvore, face a face, e relembra as supremas alturas, uma vez que tenha descido. (Você também obterá todos os elementos por essa via pouco conhecida.) Seu feitio e formato estão nas montanhas, mas a porção no mar contribuiu para que se tornassem um só. Eles disseram em uníssono que as formigas [*sic*] verdadeiramente extraem os quatro elementos."

A serpente enroscando-se nos três rostos centrais, ou *Sephiroth*, na alma superior, deve ser trazida para dentro do recipiente da alma inferior. As três cabeças dos Três Princípios correm juntas e "dão lugar a um único produto" nas vivas águas verdes que escorrem pelo cálice. As cegonhas, as figuras tutelares de Ida e Pingala, as forças lunar e solar, estão unidas para ingerir a substância do Dragão-Serpente transformado. As polaridades da alma – no sentido horizontal, Masculino/Feminino, Yang/Yin, Direita/Esquerda, Sol/Lua; e vertical, Espírito/Matéria, Céu/Terra, Superior/Inferior – estão unificadas.

Uma ilustração desse gênero revela algumas percepções profundas quanto à arquitetura e às energias da alma que constituíram parte essencial da corrente esotérica lullista, personificada por Raimundo Lúlio e adotada por outros ao longo dos séculos XIV e XV. Tais percepções forneceram um sólido fundamento para a tradição simbolista da alquimia.

A interpretação acima sugerida toca uma única faceta do conteúdo da ilustração. Outras pessoas, trabalhando sob diferentes perspectivas, poderão encontrar níveis adicionais em sua arquitetura, uma vez que sua forma, sua estrutura simbólica, reflete uma realidade arquetípica que pode ser abordada a partir de diferentes ângulos e, ainda assim, manter sua verdade. Raimundo Lúlio tinha realmente a preocupação de representar ideias arquetípicas sob uma forma estruturada, e essa ilustração certamente trabalha em termos lullistas.

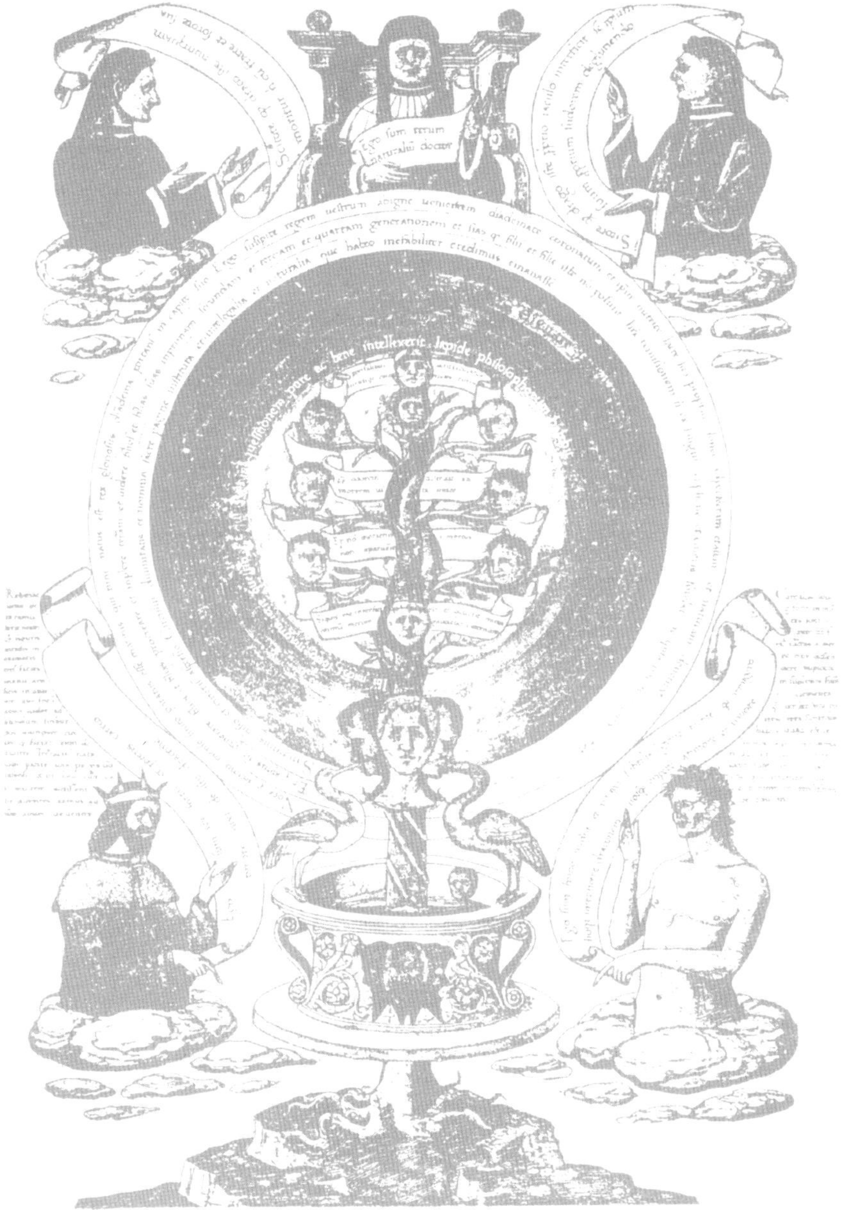

Os Estágios da Criação do Mundo. Essa ilustração de Freher, incluída na edição de William Law das obras de Jacob Boehme, mostra-nos os estágios da Criação do Mundo. *Works of J. Behmen*, de D. A. Freher, Law Edition, 1764.

MANDALA 22

Os Estágios da Criação do Mundo

Essa ilustração de Freher, incluída na edição de William Law das obras de Jacob Boehme, mostra-nos os estágios da Criação do Mundo. A Criação emerge do Abismo, o oceano sem fundo da Existência, que é

Nada, nem Trevas, nem Luz
Nada, nem Vida, nem Morte
Nada, nem Alto, nem Fundo
Nada, nem movente, nem agitado
Nada, nem que procura, nem que encontra
Nada, nem lugar, nem morada.

Nesse oceano em repouso da Existência, o primeiro movimento é o reconhecimento do Byss ou da Vontade Absoluta de Ser. Suas qualidades são:

Vontade do Abismo
Byss da Divindade de Nenhuma Origem
Pai de Todos os Seres
Pai de Todo Começo
O Poder Não Formado
Pai da Eternidade.

O *Byss* olha para o Abismo (*Abyss*), o Espelho do Derradeiro, e contempla sua própria existência nele – não como Vontade, mas como reflexo da Sabedoria, da Imaginação Eterna e da Mãe Infinita. Isto é

> O Eterno Um desprovido de Natureza e Criatura
> Um pensamento Tríplice, mas apenas Uma Respiração
> Olho do Abismo, Espelho das Maravilhas e Todas as Maravilhas
> O Mistério Exalado desprovido de Natureza.

Esse processo de Tese-Antítese-Síntese dá origem ao estágio inicial da Criação, representado como o globo que aparece no centro da parte superior da figura. Aqui o triângulo do Espírito, apontado para cima, e o triângulo da Forma, apontado para baixo, ainda estão interligados. Em seu centro, como um útero, encontra-se o elemento feminino SOFIA-Sabedoria, enquanto, na periferia, as forças masculinas de ADONAI-Vontade sustentam o seu lugar. Desse mundo de insubstancialidade e calor interior (temperatura), extraem-se duas impressões que emergem da separação dos dois Ternários. O primeiro é o Escuro Ternário Negativo, "uma fome não saciada e uma inquietação ansiosamente impaciente", segundo Boehme. O segundo é o Ternário Luminoso, "no qual a Natureza renunciou à sua independência, sendo transfigurada na Luz, para o bem da formação das Harmonias Eternas".

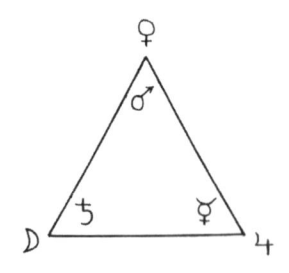

Triângulo do Mundo das Trevas
apontado para cima
♀☽♃ exteriores, ♂♄☿ interiores

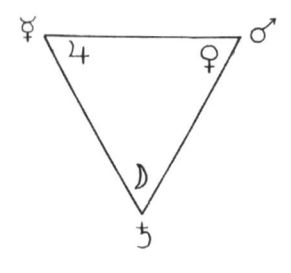

Triângulo do Mundo da Luz
apontado para baixo
☿♂♄ exteriores, ♃♀☽ interiores

Nascem, assim, os SETE PRINCÍPIOS, associados por Boehme aos Planetas:

♄	Contração	☽	Forma
♃	Expansão	☿	Inteligência Interior
♂	Circulação	♀	Amor

O Sol ☉ surge no ponto de convergência desses dois Ternários, da Luz e da Escuridão, no Clarão, no Fogo Refulgente, o Fogo Dual, que é ao mesmo tempo Ira e Amor, a Centelha Criativa que é o Filho (FILIUS), que aparece no centro da ilustração. Surge daí o Cosmos tal como nós o conhecemos, mostrado como o globo celestial centrado no Sol, com o planeta Terra no centro da parte inferior. Esse Mundo Solar é o exalar emitido pelo Espírito △ e do Espírito ▽ que é denominado como o Tempo em Contenda de Vaidade.

Diagrama mágico do século XVI ou XVII. Registro de um trabalho ritualístico.

MANDALA 23

Diagrama Mágico do Século XVI ou XVII.
Registro de um trabalho ritualístico

Esse diagrama mágico do século XVI ou XVII, registro de um trabalho ritualístico, oferece-nos um ligeiro mergulho na consciência dos mágicos cerimoniais praticantes, proporcionando um elo entre os trabalhos deles com círculos mágicos e a tradição da mandala.

A propaganda hostil e os preconceitos negativos e supersticiosos combinaram-se para formar um quadro, na mente da maioria das pessoas, de cerimônias aterrorizantes e abomináveis, com práticas bárbaras e atrozes supostamente empregadas pelos magos cerimoniais em suas invocações. Temos aqui, entretanto, um exemplo que poderá ajudar-nos a neutralizar algumas dessas fantasias distorcidas. Por trás desse texto ritualístico, encontramos um praticante puro e altamente espiritualizado, que procura fazer contato com o reino divino e espiritual por intermédio de sua magia cerimonial.

Esse diagrama mágico, ou mandala, consiste num círculo triplo, cercado ou lacrado nos quatro cantos por quatro selos de forma circular. Esses, por sua vez, guardam uma relação em sua estrutura com os pentagramas da Grande Chave de Salomão. O círculo periférico dos três círculos concêntricos contém um texto escrito numa espiral em sete linhas, que consiste num pedido de ajuda ao Divino, em todas as suas manifestações, para o trabalho de contatar e prender o espírito. Trata-se de uma poderosa invocação de quatorze nomes de Deus (duas vezes as sete espirais do texto) e de Arcanjos e Anjos por ajuda na tarefa de "dominar e aprisionar" o espírito, ou talvez, como veremos agora, de entrar conscientemente no mundo espiritual:

Oh, Pai Celestial, Deus único em Substância e Trino em Pessoa, que condenaste Adão e Eva, e a mim e a outros mais a pecar, e a ti a seres crucificado pelos nossos pecados, peço e rogo a ti, por todos os meios suplicantes e pela graça de teus mais santificados nomes

Tetragrammaton: יהוה
Iah: יה
Iava: יאוא
Esch: אש
Eheie: אהיה
Iod Tetragrammaton: י יהוה
Elohim Tetragrammaton: יהוה אלהים
El: אל
Elohim Gibor: אלהים גיבר
Eloah: אלוה
Tetragrammaton Sabaoth: יהוה צבאוה
Elohim Sabaoth: אלהים צבאות
Sadai: שרי
Agla: אגלא

e pelo teu mais reverente nome, Ihesus,

que concedas a esse espírito, aqui presente neste círculo, manifestar-se aparente a meus olhos, permanecendo aqui aprisionado, sem esvair-se tampouco adulterar sua aparência pessoal até que eu assim o ordene, sem causar dano à minha pessoa ou a qualquer de tuas criaturas, pela graça de teu onipotente poder, por meio de todos os teus nomes, números e caracteres santificados aqui dispostos, porque afirmaste que, através de pedras, ervas e pela graça dos teus mais santificados nomes, concedeste o poder de aprisionar e de libertar espíritos pela tua esplêndida onipotência, Amen (אמנ).

Oh, Elevada Divindade e mais misericordioso Pai, tem piedade de mim, teu verdadeiro servidor; clareia minha mente, Oh, Senhor, com o esplendor de tua celestial sabedoria e concede-me uma sólida fé por meio da qual eu possa dominar esse espírito aqui presente e, assim, dignificar o presente círculo com a tua celestial força e poder; que possa ser esse um firme e seguro grilhão com o qual eu possa aprisionar esse espírito aqui presente, que seja garantida, a este que te invoca, a obediência verdadeira desse espírito, pela graça de teus mais elevados mistérios e pela força de tua pujante e poderosa inteligência, com tuas criaturas celestiais e elementais, e que este invocador possa, pelo teu divino poder e pela virtude desse círculo, defender-se dos maus intentos do espírito aqui invocado:

Deus eterno, assim como concedeste poder ao Arcanjo Miguel para que derrotasse o orgulhoso e rebelde Lúcifer, e de grande poder dotaste teus apóstolos para aprisionar e libertar Espíritos, e como prometeste conceder igual poder a todo aquele que invocasse com sinceridade os teus nomes, responde a esse legado, revelando agora e para sempre o poder do teu braço esquerdo, pela força do poderoso Anjo Camiel, pela graça do mais poderoso dos teus nomes, Elohim Gibor, por intermédio desse magnífico número *Geburah*, junto com a virtude do onipotente nome *Tetragrammaton Sabaoth*, pelo poder do teu potente Anjo Hanael, com esse vitorioso número *Ha Sambroth*, o poder de todos os demais Anjos provedores: e concede, Oh, Senhor, ao teu humilde servo, invocador desse espírito, a tua sempre crescente graça, com fé incontestável e constante misericórdia, pelo poder do teu braço direito, pela virtude do teu todo poderoso nome El (אל), pela assistência do teu mais consolador Anjo Zadkiel, pela virtude desse tão misericordioso número *Hased In nomine Jhesu Amen* אבן.

O anel seguinte do círculo apresenta um texto em dez linhas, formando uma espiral de fora para dentro, endereçado ao espírito que está sendo invocado. Aquele que dirige a invocação ordena que o espírito seja aprisionado pelos treze nomes de Deus, pela graça da ligação interior entre a alma daquele que invoca e o mundo espiritual. Essa invocação consiste em uma afirmação do estado de consciência do mago, que enumera os vários aspectos do mundo espiritual dos quais ele tem consciência, o que lhe garante uma força interior maior do que a do espírito por ele invocado. Assim, podemos perceber muito claramente aqui que o mago ganhou consciência talvez passando por um longo período de treinamento e preparação da arquitetura do mundo espiritual. Ele agora procura, fazendo uso de uma visão espiritual controlada, um contato direto e consciente com o reino espiritual. Não se trata de uma operação mágica visando um poderio egoísta, mas de uma franca procura por uma experiência espiritual direta:

Em nome do Eterno e onipresente Deus – יהוה
Agla: אגלא
Iah: יה
Iava: יאוא
Eheie: אהיה
Iod Tetragrammaton: י יהוה
Tetragrammaton Elohim: יהוה אלהים
Elohim Gibor: אלהים גיבר
Eloah: אלוה
Tetragrammaton Sabaoth: יהוה צבאוה
Elohim Sabaoth: אלהים צבאוה
Sadai: שרי
Adonai Meleck: ארני

tu, espírito neste círculo presente graças a mim, o invocador, uma criatura e Imagem de Deus, pela virtude desse vínculo, desta oração e destes sagrados caracteres, sejas tu aqui confinado, em nome do Pai, do Filho e do Espírito Santo, a permanecer visível e sob uma forma verdadeiramente clara, sem partires até que para tanto eu te conceda a licença, e a responder e obedecer legítima e prontamente a tudo quanto eu te ordene, sem causar danos a mim ou a qualquer criatura de Deus direta ou indiretamente, sem iludires a nenhum de meus sentidos, estando, por conseguinte, aprisionado pelo Deus eterno a quem toda a fraternidade de criaturas pertence por cujo desígnio os Anjos são precipitados para baixo, a terra é aberta e as profundezas são sacudidas.

Sejas tu aprisionado pelo verdadeiro leão da tribo de Judá que destruiu a ti e ao teu poder: por aquele corpo abençoado no qual a plenitude da divindade habitou corporalmente pela encarnação de Nosso Senhor e Salvador *Ihesus Christe* pelo seu nascimento e milagres: pelo seu mítico e mais poderoso sacramento, pela sua descida ao Inferno e pela sua triunfante morte: pela sua ressurreição e gloriosa ascensão: pelo seu vitorioso surgimento nas nuvens quando a cada um virá julgar segundo os seus atos.

Pelos sete mais perfeitos dons do Espírito Santo carregados por *Ihesus Christ*, e em nome de todos os mistérios ocultos da redenção humana e por todos os poderes e virtudes contidos na dignidade individual, pela graça de todos esses gloriosos nomes, sejas tu aqui aprisionado in nomine *Ihesu* אמן: sejas tu aqui aprisionado pelas sete forças Celestiais contidas nos Céus intelectuais, por todas as Inteligências e Dirigentes de todos os atos Celestiais e suas respectivas virtudes, por todas as sagradas ordens e Hierarquias de Anjos e Santos Abençoados, sejas tu aqui aprisionado em nome de Melachim, a quem é concedido o poder de amarrar os teus reis em correntes e os teus nobres em grilhões de ferro, sejas tu aprisionado por todas as estrelas fixas e suas virtudes, pelos sete planetas errantes e sua influência e por todos os números, figuras celestiais dotadas de força: sejas tu aprisionado pelos quatro elementos e pelo poder de todas as virtudes procedentes de todas as criaturas juntas. Eu proclamo que sejas tu aqui aprisionado em nome de todos os poderes infernais e seus insuportáveis padecimentos, os quais imediatamente te serão aqui impostos, milhares de vezes, até que te mostres verdadeiramente submisso a mim, aquele que te invoca *in nomine Ihesu*.

Fiat + Fiat + Fiat + Amen + Amen + Amen

O terceiro anel mais interno traz os nomes das *Sephiroth* em hebraico.
Ao centro desse diagrama, vê-se um grande triângulo desenhado de forma que seus vértices tangenciem o limite do primeiro anel do texto. Os

lados do triângulo contêm nove designações dos Arcanjos das *Sephiroth*, de Metatron a Gabriel, deixando de fora o Arcanjo de *Malkuth*.

Nos vértices do triângulo, veem-se três círculos, cada qual contendo símbolos das estrelas de quatro, de seis e de sete pontas. A estrela de quatro pontas traz os nomes dos Anjos dos quatro elementos – Tharsis, Sorath, Ariel e Kerub – em torno do *Tetragrammaton* central. A estrela de seis pontas traz a palavra "Adonai" escrita no centro, enquanto a estrela de sete pontas traz a palavra "Ararita".

Inscrito no triângulo, existe um círculo com oito nomes de Deus e, finalmente, dentro desse círculo, um pentágono com a palavra *Tetragrammaton* escrita em seus lados e, em seu centro, um círculo contendo um triângulo invertido.

Esse diagrama mágico carrega, portanto, dentro de si o registro de um trabalho ritualístico que é por si só a destilação da tradição mágica ocidental.

Os quatro círculos externos são o ponto de entrada, o ponto de contato com o mundo terreno, as quatro dimensões do espaço e os quatro elementos. A consciência do mágico está firmemente colocada no mundo físico e terreno, mas, quando ele ergue esses quatro sinetes, começa a abrir a porta para os reinos espirituais do seu ser. Ele deverá, então, adentrar o mundo da alma. Ele acompanha, consciente, o primeiro texto em espiral voltado para dentro, por meio dos seus sete círculos, invocando os diferentes nomes de Deus e pedindo por um contato com o espiritual. Ao fim dessa primeira investida, ele atinge os vértices exteriores do triângulo. Ele foi conduzido da quaternidade do mundo terreno para uma primeira percepção de um mundo interior tríplice. Entretanto, ele deverá penetrar ainda mais, rumo a uma total consciência desse segundo círculo. Descendo pelos dez círculos, ele experimenta sua totalidade interior, a integração de sua alma, alcançada através do trabalho espiritual precedente. Em razão disso, ele se mantém forte o bastante interiormente para ingressar no mundo espiritual, para "aprisionar o espírito", para conseguir e manter um legítimo encontro com o mundo espiritual na consciência de vigília ampla, cotidiana. Por fim, ele adentra o terceiro e último círculo – o das *Sephiroth*.

Então, tendo atravessado os três círculos da alma, ele adentra o espiritual, pertinente ao triângulo central.

Ali ele encontra as nove ordens de Arcanjos ligados às *Sephiroth*, com exceção de *Malkuth*, do qual a humanidade, em sua essência, é o espírito representativo. Ele vivencia os espíritos existentes por trás dos quatro elementos, nas formas sêxtuplas e sétuplas e, finalmente, dentro do pentagrama, ele se liga ao arquétipo espiritual do Microcosmo: o Homem, o Pentagrama, imerso na designação hebraica, em quatro letras, do Nome de Deus, o *Tetragrammaton*.

Encontramos nesse diagrama, portanto, não alguma cerimônia horripilante, abjeta ou amedrontadora, mas o registro de um trabalho muito puro e espiritual. Ele mostra um caminho, uma busca de iluminação espiritual, na forma de uma mandala mágica.

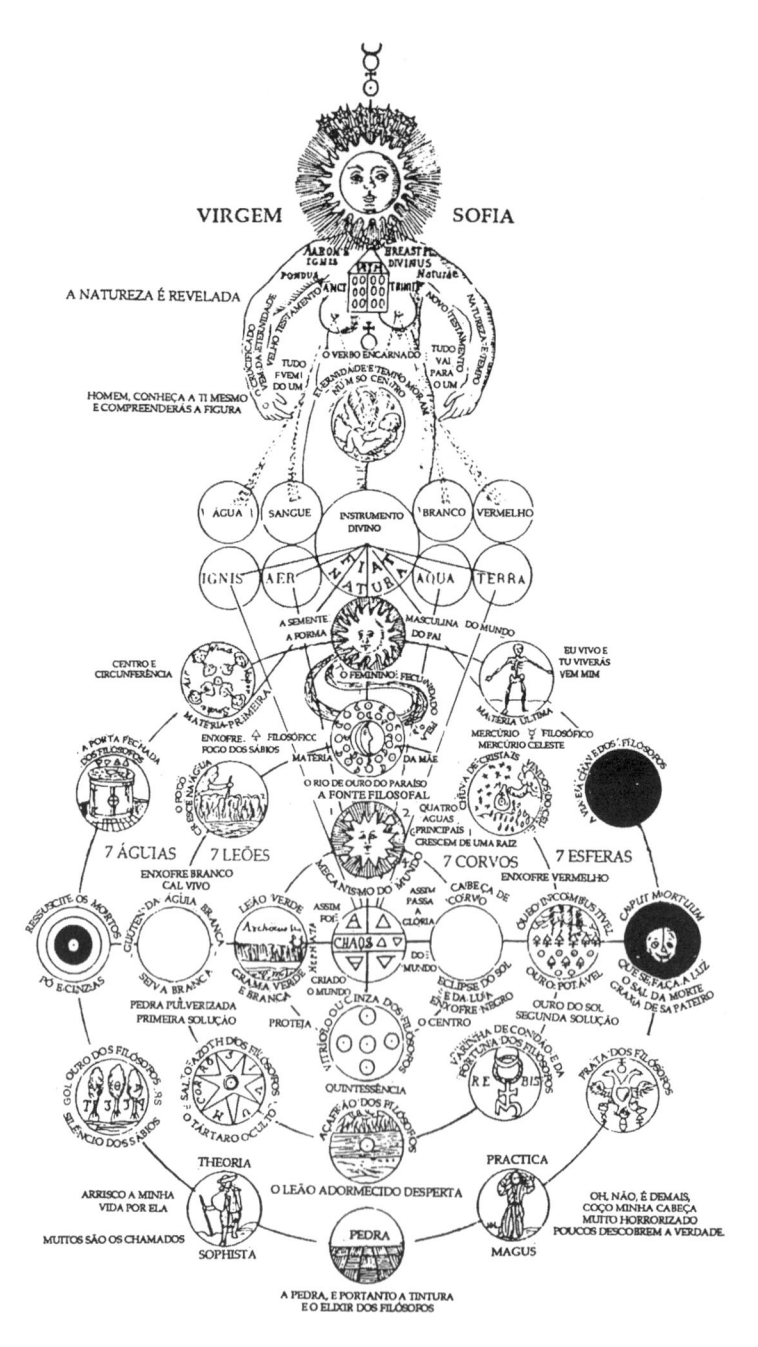

Mandala, extraída da edição de Altona, de 1785, da obra *Geheime Figuren der Rosenkreuzer* (*Símbolos Secretos dos Rosa-cruzes*), é uma elaborada síntese de símbolos alquímicos e cristãos, possivelmente derivada da tradição de Boehme.

MANDALA 24

Síntese de Símbolos Alquímicos e Cristãos

Essa mandala, extraída da edição de Altona da obra *Geheime Figuren der Rosenkreuzer* (*Símbolos Secretos dos Rosa-cruzes*), é uma elaborada síntese de símbolos alquímicos e cristãos, possivelmente derivada da tradição de Boehme. Já comentamos outro exemplar da mesma fonte (ver Mandala 15). Na lâmina original e na tradução para o inglês da Aries Press, a configuração é um tanto intrincada, de modo que redesenhei a mandala, desmembrando o texto e o diagrama. Espero que isso nos permita perceber mais claramente a estrutura da mandala.

A porção superior mostra a Virgem Sofia, o Eterno Princípio da Sabedoria Feminina. Em seu braço direito, está escrito: "Da Eternidade vem à frente o crucificado", numa inequívoca referência ao Cristo que ela traz no útero. É-nos dito ainda: "Homem, conhece a ti e conhecerás esta figura humana". A criança em seu útero está sendo alimentada por duas correntes que jorram dos peitos da Virgem. Essas duas correntes, todavia, também escorrem para o Mundo Inferior, onde são polarizadas nas quatro esferas: Água, Sangue, Branco e Vermelho. Nesse ponto, temos uma espécie de limiar. Tudo o que se localiza acima desse ponto pertence ao potencial espiritual, enquanto tudo o que se encontra abaixo dele pertence ao reino daquilo que é externamente manifesto. Assim, as quatro esferas da potencialidade espiritual têm seu reflexo nos quatro elementos. Do ponto central, a Natureza se manifesta como instrumento divino. Na porção superior, temos a Virgem Sabedoria e, na inferior, a Mãe Natureza.

O Cristo que cresce no útero da Virgem Sabedoria pode ser aqui interpretado mais no sentido cósmico do que no que diz respeito à figura de Jesus apresentada nos Evangelhos. A crucificação do Cristo é vista como a descida do Logos ao mundo material, através dos quatro braços elementais da Cruz da Natureza. Tal imagem reflete a ideia mística de que a humanidade representa o Espírito crucificado na Cruz da Matéria.

Na parte inferior dessa figura, as linhas emergentes das esferas dos quatro elementos conduzem-nos para o Caos central. A seguir, os elementos arquetípicos se congregam numa caótica junção de substâncias que constitui a esfera material da nossa encarnação terrena. Em torno desse centro, vemos as palavras: "Assim foi o mundo criado/Assim morre a glória do mundo". Possivelmente essa é uma referência à gênese do globo terrestre, precipitado do mundo espiritual, e à sua subsequente morte ou dissolução de volta ao reino espiritual por ocasião do fim do mundo. Entre as quatro esferas arquetípicas dos elementos e esse ponto central do caos, temos círculos concêntricos nos quais aparecem doze, oito e quatro esferas respectivamente. Temos, assim, a configuração de uma mandala, representando uma integração desses elementos por meio de processos alquímicos e do simbolismo.

Notamos, especialmente, as esferas colocadas ao longo da linha central que interliga o Divino Instrumento da Natureza e o caos central. A extremidade dessas esferas é a da Semente Masculina do Mundo, a Forma do Pai, retratada como uma emanação solar. Essa emanação encontra-se com a Matéria da Mãe, feminina, lunar na forma, e percebemos um afluxo de forças intercambiantes, resultando na gestação dos filhos Solares e Lunares pelo feminino. Essas forças cósmicas veem-se espelhadas em um nível ainda mais inferior, na sexualidade humana, que constitui o Mecanismo do Mundo. Temos também uma referência ao Raio Dourado do Paraíso, que é a Fonte Filosofal. De uma única raiz nascem quatro Águas elementais (os rios do Paraíso). Se somos capazes de estabelecer, na estrutura de nossas almas, uma interligação dinâmica e um relacionamento equilibrado entre o masculino e o feminino, conquistamos o poder sobre as quatro correntes elementais de força em nossos seres. Tornamo-nos aptos, assim, a encarnar livremente nossas intuições espirituais em ações externas.

Vejamos agora a maneira pela qual esses círculos concêntricos formam mandalas individuais representando ideias e processos alquímicos.

O círculo periférico é dividido em doze partes e contém uma polaridade esquerda/direita. As três esferas superiores estão especialmente relacionadas com o limite entre o espiritual e o material – a Semente Masculina do mundo, que já abordamos, encontra-se no centro, a Primeira Matéria à esquerda e a Matéria Final à direita. Percorrendo de cima para baixo, temos:

A SEMENTE MASCULINA DO MUNDO

PRIMEIRA MATÉRIA	MATÉRIA FINAL
A Porta Fechada dos Filósofos	O Caminho e a Chave dos Filósofos
A Elevação dos Mortos da Poeira e das Cinzas	Caput Mortuum Faça-se a Luz
Ouro Filosofal	Prata Filosofal
TEORIA Filósofo	PRÁTICA Mago

PEDRA

Na parte inferior, como uma síntese de todo o círculo, temos a Pedra, a Tintura, o Elixir dos Filósofos.

O Círculo Intermediário contém oito estágios, com uma polaridade esquerda/direita, tal como o círculo periférico:

MATÉRIA DA MÃE

Enxofre Filosofal
Fogo dos Sábios
Fogo da Água

Mercúrio Filosofal
Água Celestial
Chuva de cristais caída do céu

Enxofre Branco
Cal Viva
Glúten da Águia Branca

Enxofre Vermelho
Óleo Incombustível
Ouro Potável

Pedra Pulverizada
Primeira Solução

Ouro do Sol
Segunda Solução

Sal, o Azougue
dos Filósofos
O Tártaro Oculto

Rebis, o Sublime
e a Fortuna
O Bastão dos Filósofos

CROCUS (CINZAS) DOS FILÓSOFOS
O Leão Adormecido desperta

O Círculo mais Interno é agrupado em duas polaridades:

A FONTE FILOSOFAL
Mecanismo do Mundo

Leão Verde
Arqueu
Uma relva verde e branca

Cabeça de Corvo
Eclipse do Sol e da Lua
Enxofre Preto

VITRÍOLO OU CINZAS DOS FILÓSOFOS
Quintessência

Podemos perceber o modo como os símbolos em cada uma dessas esferas as conectam umas às outras num sistema de polaridades.

O círculo periférico de doze esferas enuncia os princípios espirituais existentes por trás das operações alquímicas, no relacionamento entre a *prima materia* e a matéria final, entre teoria e prática, e assim por diante, enquanto o círculo intermediário, de oito esferas, parece descrever o processo do ponto de vista mais explicitamente alquímico, com referências a processos e substâncias arquetípicas que o alquimista deve obter e usar nesse trabalho. As quatro esferas centrais mostram a chegada à conclusão do trabalho: Criação, Cabeça do Corvo, Quintessência e Fonte Filosofal. São esses os quatro reflexos arquetípicos do anseio por uma transformação alquímica.

Ao longo da parte central da mandala está escrito:

7 ÁGUIAS   7 LEÕES   7 CORVOS   7 ESFERAS

As Águias correspondem ao Ar
Os Leões correspondem ao Fogo
Os Corvos correspondem à Terra
As Esferas (Globos) à Água (recipientes)

Isso provavelmente indica que o processo deve ser repetido sete vezes com cada um dos elementos; isto é, deve-se passar sete vezes pelos estágios da Águia, do Leão, do Corvo e da Esfera, até alcançar o fim do trabalho.

Existe uma multiplicidade de níveis nesse simbolismo, e essa mandala pode ser interpretada de formas cada vez mais profundas, revelando outros inter-relacionamentos entre os símbolos. Entretanto, as indicações aqui fornecidas proporcionarão um ponto inicial, a partir do qual o leitor poderá aprofundar-se nos detalhes.

O texto a seguir encontra-se às margens da gravura.

(Ver página seguinte.)

A NOITE CELESTIAL E TERRENA
MÃE DE TODAS AS CRIATURAS DO CÉU E DA TERRA

DEUS é um espírito eterno, não criado, infinito, sobrenatural, que se mantém celestial e existente, que se tornou, no curso da Natureza e do tempo, um homem visível, corpóreo e mortal.

A NATUREZA é um espírito temporal, criado, finito, natural e essencialmente espiritual-corporal, uma imagem, semelhança e sombra, moldada segundo o eterno espírito não criado, oculto e, no entanto, visível.

O OLHO DIVINO através do qual Deus verá e criará todas as coisas. O início de tudo prenuncia o seu fim.

O OLHO NATURAL, com o qual a Natureza vê e reina sobre todas as coisas. A existência mortal, corruptível, renasce novamente.

A LUZ DA GRAÇA
ERGON – A OBRA MAIOR

A LUZ DA NATUREZA
PARERGON – A OBRA MENOR

A NOITE CELESTIAL
O NOVO NASCIMENTO

A NOITE TERRENA
O ANTIGO NASCIMENTO

Oh, Homem, oh, Homem, contempla como Deus, o eterno Verbo, se fez homem.

Oh, Homem, oh, Homem, contempla como a Natureza é um vasto mundo e se tornou homem.

Inocente eu recebi.
Amaldiçoado aquele que não crê.

Inocente eu restituo.
Não desprezes a ti mesmo com vergonha.

A TINTURA CELESTIAL
O Sacramento do Espírito Santo.

A TINTURA FÍSICA
O leite da Virgem e o suor do Sol, mãe de seis filhos e uma virgem pura.

FILÓSOFOS ROSA-CRUZES

Venha, venha, venha. Aquele que tem olhos para ver, esse poderá enxergar e o fará com acerto.

Venha, põe de pé, põe de pé as orelhas. Aquele que tem ouvidos para ouvir não precisa ser chamado em voz muito alta.

Procura a amizade de Arqueu, o porteiro digno de confiança, porque ele jurou obediência à Natureza e é da Natureza o seu secreto servo.

167

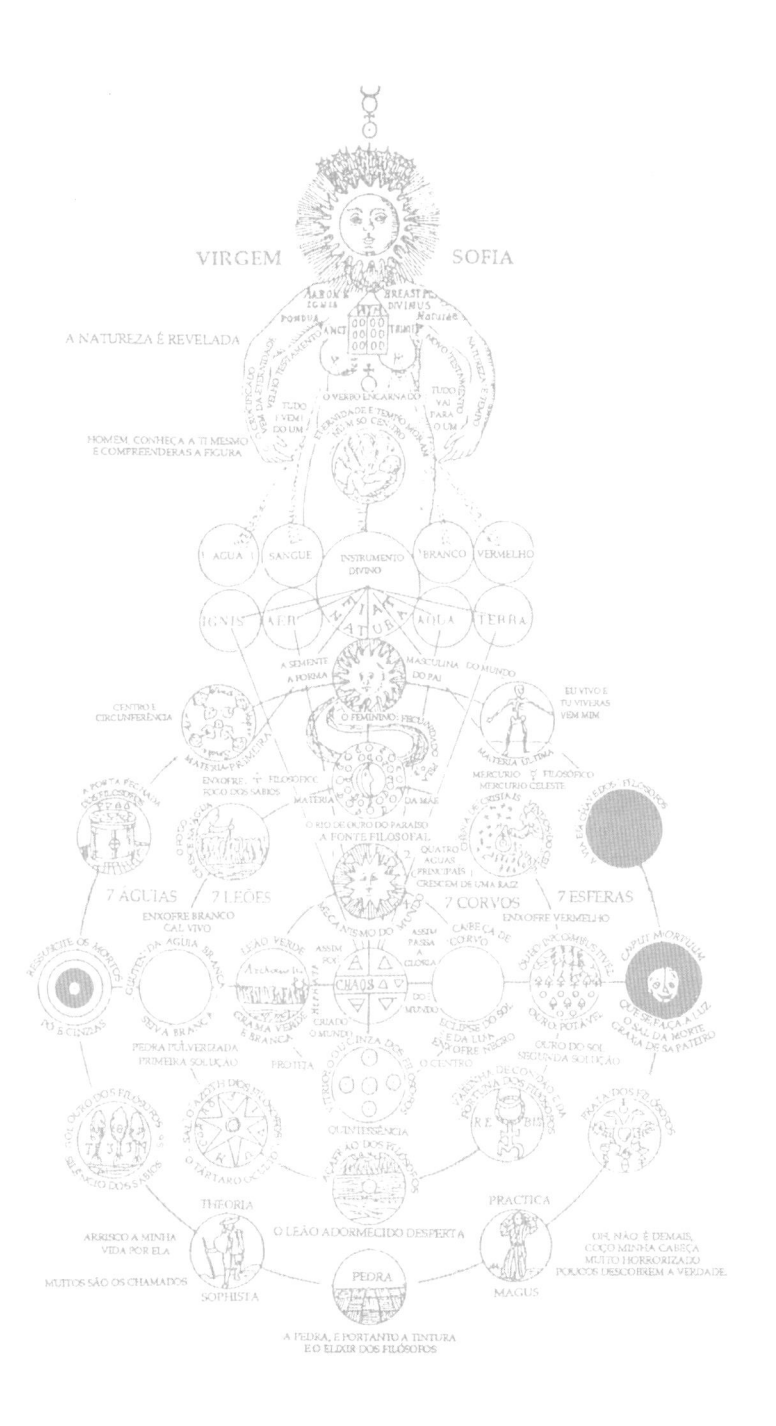

Regeneração, O Círculo da Vida Humana e A Gruta das Ninfas, extraída de *The Arlington Court Painting*, pintura de William Blake datada de 1821.

MANDALA 25

"Regeneração", "O Círculo da Vida Humana" e "A Gruta das Ninfas"

Decidi afastar-me um pouco da convenção de reproduzir uma xilogravura, gravura ou desenho da tradição hermética, em vez disso vou focar em uma pintura de William Blake datada de 1821. A obra, conhecida como *The Arlington Court Painting*, só descoberta muito recentemente, é um trabalho dos últimos anos de Blake e, em certo sentido, sintetiza a visão do artista com respeito ao processo evolutivo da alma humana, o qual ele descreveu em seus importantes poemas proféticos *Milton*, *Urizen* e *Jerusalém*. Blake, com certeza, leu muito sobre e estava familiarizado com o neoplatonismo popularizado por Thomas Taylor em relação à cabala e às ideias herméticas de modo geral e se familiarizou com esses temas. Todavia, ele preferiu criar sua própria mitologia e material simbólico, no intuito de refletir suas próprias percepções espirituais, em lugar de aderir de maneira servil aos sistemas já formulados. Assim sendo, se pretendermos apreender as intenções de Blake em profundidade, teremos de penetrar seu sistema pessoal, procurando descobrir as motivações que estão por trás dos vários seres e forças ali apresentados. Para esse comentário, entretanto, não pretendo seguir tal via. Pretendo, antes, aplicar os mesmos métodos que adotei anteriormente para abordar as gravuras herméticas, uma vez que essa pintura de Blake é de tal modo pura e arquetípica que os símbolos adotados pelo artista transcendem seu próprio sistema, estando diretamente relacionados com o repertório simbólico do Hermetismo.

O título dado por Blake a essa pintura, se é que existe, não foi registrado, embora os comentadores posteriormente tenham-na batizado de "Regeneração", "O Círculo da Vida Humana" e "A Gruta das Ninfas", entre outros títulos. A pintura apresenta uma óbvia divisão vertical em duas áreas, à esquerda, e à direita, e outra horizontal definindo três áreas: uma região superior, uma intermediária e outra inferior.

Observemos inicialmente a divisão esquerda/direita. No lado esquerdo da pintura, vemos duas figuras no plano intermediário, junto às margens de um oceano agitado. A figura masculina, agachada, usa uma túnica vermelha, enquanto sua companheira, feminina, veste-se de branco. Ele faz um gesto horizontal para fora, enquanto sua consorte aponta a mão esquerda para o céu e a direita para a terra. Ela procura unir o terreno e o celestial, ao passo que ele parece preocupado com o dinamismo das polaridades do mundo intermediário, relacionando a furiosa inconsciência do mundo oceânico com a solidez da consciência, representada pela terra sobre a qual ambos estão colocados. Na alquimia, essas figuras são análogas ao Homem Vermelho e a sua Esposa Branca, que devem ser reunidos através da Grande Obra, a fim de se criarem as tinturas ou pedras vermelhas e brancas.

Acima deles, nos céus, vemos uma carruagem impulsionada por quatro cavalos brancos, que por sua vez são tratados por quatro donzelas. Vemos, na carruagem, um homem sentado, adormecido num nimbo de chamas. Ele é acompanhado por espíritos de músicos, mas a música não consegue despertá-lo. Imediatamente abaixo das figuras centrais, vemos um homem mergulhado num mar de chamas, com três figuras femininas que o acompanham em seu trajeto. Trata-se, evidentemente, daquele aspecto tríplice do feminino representado na mitologia grega como as Três Tecelãs do Destino – Cloto, Láquesis e Átropos –, pois elas seguram a meada ou fio da vida dele. Cloto segura a ponta, Láquesis mede o fio, enquanto Átropos, à esquerda, segura a tesoura e está prestes a cortar a linha. Do outro lado do turbulento oceano, uma figura feminina nua está sendo carregada por quatro cavalos pretos e é acompanhada por uma figura feminina e por outra masculina. Blake possivelmente pretendeu retratar nessa porção esquerda do quadro a condição existencial de nossas almas. Porque, se dedicamos inteiramente nossa alma ao mundo terreno, temos, por fim, de ceder às leis do Destino que se aplicam à nossa constituição física exterior e, através dessa faceta, apenas podemos tocar o elemento transitório e efêmero da vida. A figura masculina mergulhada no mar de fogo olha, nostálgica, para a sua parceira de alma que sobe os degraus à direita (abordaremos essa faceta a seguir).

Bem acima, no mundo espiritual, nossas almas ainda estão inconscientes, adormecidas para as potencialidades espirituais, enquanto não desenvolvemos a capacidade de permanecer conscientes no mundo espiritual. Blake leva-nos, assim, ao verdadeiro mundo da transformação humana, o mundo interior da alma. Temos aqui dois lados: Existe a turbulenta extensão mutável e sempre inconstante do oceano das forças inconscientes de nosso ser, no qual cavalga a figura feminina que representa para nós as inspirações e as intuições que chegam até nós por esse mar interior. No outro lado, existe uma terra seca, a terra firme da nossa alma, capaz de dar sustentação às duas figuras principais. O elemento feminino da alma busca uma união entre os reinos superior e inferior, entre o espiritual e o material, nos quais nossas almas se veem constantemente mergulhadas. O lado masculino da alma, por outro lado, busca apaziguar as turbulentas águas da alma e estabelecer um contato mais estável com esse mundo, que, embora perigoso, abre-nos uma grande promessa de percepções interiores e intuições.

No lado direito da pintura, temos uma visão alternativa do progresso da alma, mais linear e menos dinâmica. Temos aqui um lance de escada que se eleva de um rio ou de um lago, na parte inferior direita da pintura, passando por uma gruta formada por quatro árvores dispostas como pilares, e prosseguindo montanha acima. No topo da montanha, vê-se uma caverna onde surgem seres com aparência de anjos carregando recipientes de água sobre a cabeça. Vemos uma representação feminina da alma num traje flamejante começando a galgar os degraus, trazendo sua jarra de água retirada do rio ou do lago. Abaixo dela vemos outra figura, que não conseguiu cumprir sua tarefa; ela adormeceu e sua jarra boia horizontalmente na água. Ao subir as escadas ela encontra, tal como sua contraparte masculina vista nas águas flamejantes à sua esquerda, três figuras femininas que representam o destino. Elas trazem uma rede para apanhar a alma e uma corda para prendê-la. Nesse caso, porém, elas parecem prestes a dar passagem à mulher. Quando alcançar um nível superior, ela se encontrará com outra faceta do tríplice feminino, as três Graças, que dançam em sua alegre celebração da energia criativa da alma.

Se aprender a obter das Graças a essência de seu impulso, sem envolver-se totalmente em sua dança, a figura da alma poderá carregar a jarra com água até um nível mais elevado. A alma se tornará, então, alada, graças à percepção espiritual que ela conquista carregando as águas da alma inferior até as alturas de seu próprio ser. Assim, a água é mostrada como tendo sua nascente acima da cabeça, sendo o intelecto representado como subsidiário da inspiração do espírito e por ela alimentado.

Blake aponta nessa pintura dois caminhos que conduzem à espiritualização da alma e à união das forças inferiores com as superiores. Nesse sentido, a pintura tem uma concepção profundamente hermética, semelhante a muitas das mandalas já abordadas por nós neste volume.

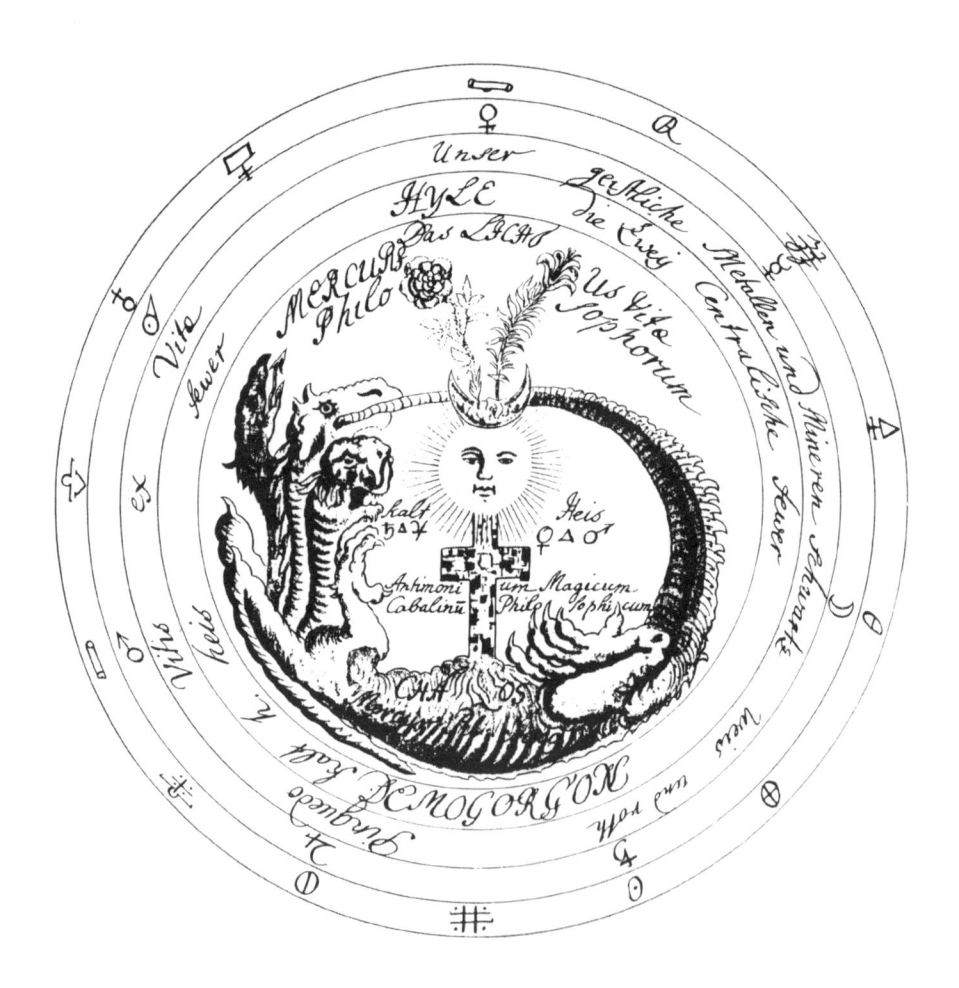

O Dragão do Caos. Imagem originária de um manuscrito alemão. Sua reprodução encontra-se na obra *Codex Rosae Crucis, D.O.M.A. A Rare & Curious Manuscript of Rosicrucian Interest*, de Manly Palmer Hall, 1938.

MANDALA 26

O Dragão do Caos

Reproduzi essa mandala de um manuscrito alemão que, segundo parecer de Manly Palmer Hall em seu *Codex Rosae Crucis*, tem um vínculo com a Ordem Rosa-Cruz.

Simbolicamente, ela está centrada em Mercúrio em suas várias formas. Esse mercúrio primordial, originário do Dragão do Caos, é metamorfoseado por meio da cruz central onde figuram o Sol e a Lua, para ressurgir como o Mercúrio vivo dos Filósofos, a força vital que existe por trás de todas as coisas vivas.

O Dragão ou Demogorgon tem uma cabeça tríplice, podendo ser visto como uma representação das energias brutas do nosso ser inconsciente, ou como as poderosas e indomadas energias químicas (em química, afinidade), encontradas nos materiais brutos não depurados. Esse dragão é parte serpente, parte pássaro – ele é essencialmente terrestre, mas traz dentro de si o potencial para alçar voo na alma como pássaro. Para que essa metamorfose possa acontecer, o Dragão deve se sacrificar. Como podemos perceber, ele se vira para trás de costas, com as patas no ar, sem contato com a terra, e engole a própria cauda através de uma de suas bocas. Aqui começa a se parecer com o embrião que se desenvolve no ovo. (Essa imagem pode ter sido intencional, por parte do criador da mandala, pois notamos na linha circular que delimita o espaço central uma referência ao fogo exterior e ao fogo interior: o fogo exterior é necessário para aquecer o ovo, enquanto a centelha interior de vida é necessária para o desenvolvimento do embrião.)

Adotando essa "postura urobórica", o Dragão cria um espaço na alma onde seu gesto de sacrifício é refletido na Cruz de Cristo. A Cruz traz um Disco Solar e, acima dele, uma meia-lua, formando, assim, o símbolo abstrato do Mercúrio, tudo isso contido no espaço do Ouroboros.

A Cruz é chamada de "o Antimônio Mágico dos Filósofos Cabalistas". Os alquimistas eram fascinados pelo Antimônio. Embora venenoso, era reconhecido como um poderoso agente medicinal quando ingerido em soluções homeopáticas diluídas. Trata-se também de uma substância quimicamente paradoxal: por um lado, possui todas as propriedades de um metal, enquanto em outras situações comporta-se como um não metal. (A química atual o classifica como um metaloide, junto com o Arsênico, o Gálio, o Selênio, o Germânio e alguns outros metaloides. Um aspecto interessante, resultado das características ambivalentes desses metaloides, é que, quando depositados em delgadas películas de silicone, podem ser usados para criar transistores e circuitos integrados de microcomputadores.) Talvez essa natureza paradoxal do Antimônio tenha levado o criador dessa mandala a associá-lo com a Cruz que diminui a distância entre o Dragão inferior do Caos obscuro e o reino espiritual de luz e vida – a Cruz, que é, ao mesmo tempo, símbolo de sofrimento e de transcendência.

Acima desse espaço, emergindo do símbolo do Mercúrio, temos uma rosa e um lírio, as formas arquetípicas das Tinturas Vermelha e Branca. Elas crescem a partir da escuridão do mundo do Dragão, passando pela Cruz e elevando-se em direção à luz espiritual.

Ao longo do espaço periférico, aparecem os sete arquétipos planetários conhecidos e, em seu exterior, quatorze símbolos de minerais alquímicos comuns, incluindo o Sal Amoníaco, o Enxofre, o Crocus de Marte, o Tártaro e o Auripigmento.

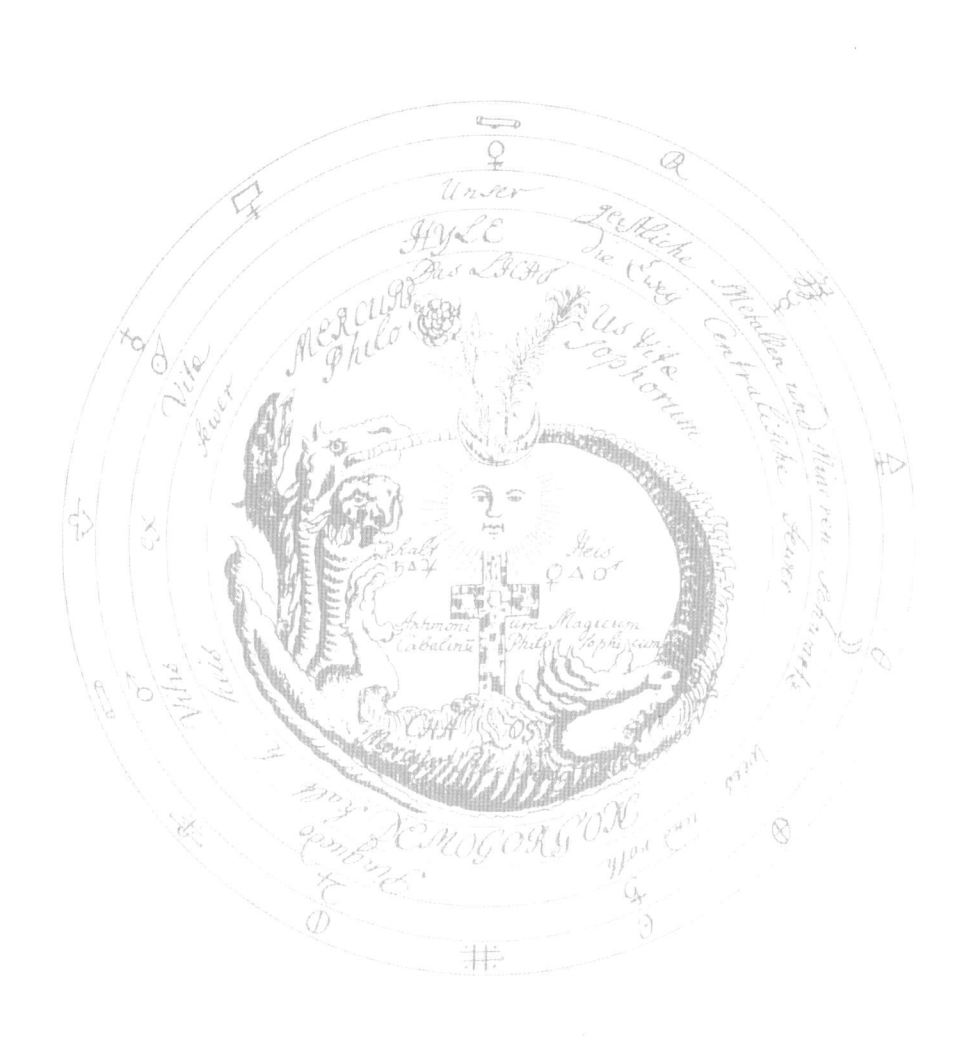

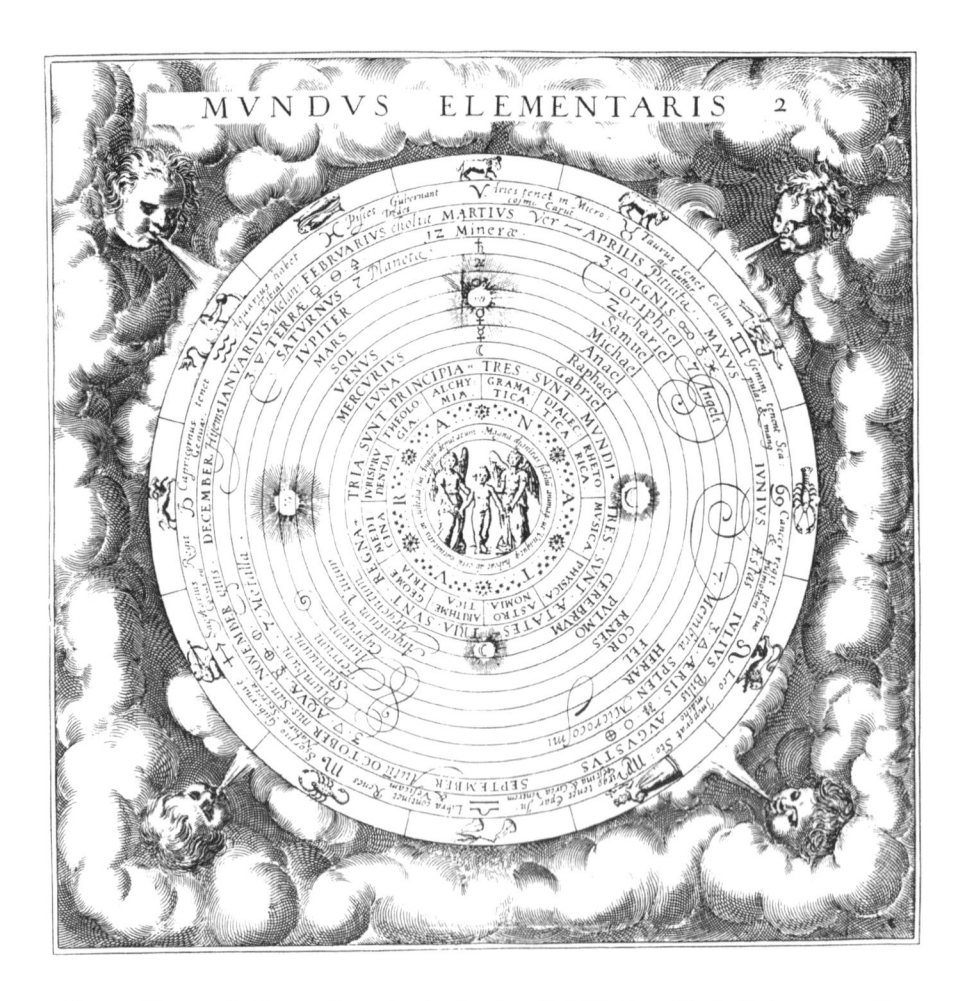

Mundus Elementaris, ilustração retirada da obra *O Sábio Guardião da Porta, ou uma Figura Quádrupla Exibindo a Ciência Hermética das Coisas Acima e Abaixo*. Reprodução do livro *Musaeum Hermeticum, Reformatum et Amplificatum*, Frankfurt: Apud Hermannum a Sande, edição de 1678.

MANDALA 27

Mundus Elementaris

Essa mandala alquímica, extraída de um tratado intitulado *O Sábio Guardião da Porta, ou uma Figura Quádrupla Exibindo a Ciência Hermética das Coisas Acima e Abaixo*, contida no *Musaeum Hermeticum, Reformatum et Amplificatum*, de 1625, não requer um comentário extenso. Ela reúne os quatro elementos, os quatro raios diagonais da roda com as sete esferas planetárias e o reino das constelações zodiacais. Os quatro querubins sopram suas influências da região externa cósmica na direção do centro, descendo pelos reinos das esferas planetárias até o globo da Terra, ao centro, que é o lugar da Natureza. As sete esferas são associadas, através dos elementos, com diferentes qualidades: o Fogo com os sete Anjos, o Ar com os sete órgãos do microcosmo humano, a Água com os sete metais e a Terra com os sete corpos planetários. O reino da Natureza é tríplice. Existem Três Princípios, Três Mundos, Três Eras e Três Reinos na Natureza. No ponto mais central, vemos a representação de uma alma individual acompanhada pelas figuras de dois anjos da guarda. O texto ao redor diz: "É uma grande honra para as almas fiéis contarem, desde o instante de seu nascimento, com um anjo designado a preservar e guardar cada uma delas". Em torno desse centro, veem-se as sete Artes liberais e as cinco Ciências por meio das quais a humanidade pode se esforçar para obter uma compreensão do plano espiritual do mundo.

A mandala sintetiza a concepção hermética do lugar da humanidade na ordem geral das coisas, representando, de modo claro e belo, o relacionamento entre o nosso microcosmo humano e a vastidão do espaço macrocósmico em que vivemos, e do qual somos apenas uma pequena parte.

Folha de Rosto da tradução francesa da obra *Hypnerotomachia Poliphili (Batalha de Amor em Sonho de Polifilo)*, feita pelo romancista François Béroalde de Verville em 1600. A imagem representa "A Mesa das ricas invenções coberta com o véu das pretensões amorosas, que estão representadas no sonho de Polifilo".

MANDALA 28

Folha de Rosto da Tradução Francesa da Obra *Hypnerotomachia Poliphili*
(*Batalha de Amor em Sonho de Polifilo*)

Temos aqui uma bela, porém bastante enigmática, mandala, surgida em 1600 como página de rosto da tradução francesa comentada de François Béroalde de Verville da importante alegoria renascentista *Hypnerotomachia Poliphili* (*Batalha de Amor em Sonho de Polifilo*).

    A mandala é estruturada segundo oito símbolos principais colocados nos cantos e ao longo das bordas de um espaço retangular. Entretanto, ela deve ser lida a partir do espaço central inferior, de onde se vê um ramo ou tronco estreito de uma árvore elevando-se e expandindo seus galhos na direção de todos os símbolos da mandala.

    O grupo de símbolos do espaço central inferior é formado por um círculo representando o Caos dos quatro elementos e por símbolos de forças planetárias. Ao centro dessa esfera, temos os símbolos do Fogo (chamas) e da Água (gotas). A mandala como um todo explora o caminho para o espírito, vivenciado por meio da dinâmica do relacionamento entre esses dois elementos. Vemos um caminho conduzindo da chama/gota no centro inferior até a Fênix, ou pássaro da alma, elevando-se em direção à luz, na parte central superior.

    À esquerda da esfera do Caos, vemos o paradoxo de uma árvore com fogo em suas raízes, e que alimenta as chamas lançando para baixo as próprias folhas. O caminho à esquerda segue em frente, levando, dessa Árvore paradoxal que consome a si mesma, para o Ouroboros, no qual uma Serpente e um Dragão alado consomem, simultaneamente, um ao outro. Em meio a eles, vemos os símbolos do Mercúrio ☿ e da *Aqua Fortis* ▽. Se colocarmos Mercúrio metálico na *Aqua Fortis* ("Água Forte" ou ácido nítrico concentrado), cada qual consome o outro; o Mercúrio se dissolve numa solução como nitrato de mercúrio, enquanto a força do ácido é correspondentemente reduzida. A *Aqua Fortis*, ou ácido nítrico, representava um paradoxo entre os alquimistas, por ser uma água que fumegava e queimava. O Mercúrio era outro enigma, por ser um metal líquido. Acima desses símbolos, temos um Leão desprovido de suas quatro patas. Como símbolo, ele foi espiritualizado pela remoção do seu contato direto com a terra, tornando-se também um símbolo paradoxal – o Leão feroz desprovido dos meios para manifestar sua ferocidade. Na Alquimia, o Leão, por vezes, é associado ao fogo, sendo o seu sangue (ou parte aquosa) frequentemente visto como a substância primordial do trabalho alquímico. O simbolismo alquímico do Leão Verde também representa, às vezes, as energias da Natureza encontradas na seiva das plantas, podendo ser aqui relacionadas ao frutificar do mundo vegetal simbolizado na cornucópia.

O lado direito da mandala parece descrever um caminho que une o fogo e a água. Embaixo, no canto direito, aparece um Sábio sentado num trono, tendo um Sol a seus pés e o símbolo da Lua crescente em sua cabeça. Ele segura um livro, em cuja capa podemos perceber uma alternância de símbolos de chamas e gotas de água.

Acima dele, um Dragão com asas de fogo e cuspindo chamas mostra-se paradoxalmente capaz de nadar em alto-mar. No Tronco ceifado da árvore vê-se uma fonte. Ao lado dela, vê-se uma chama aquecendo a base e mantendo a água em constante circulação. Ao lado dessa chama, temos uma gota de água e, mais à esquerda do tronco aparentemente morto, cresce um broto novo e regenerador. Acima dessa imagem, temos uma cornucópia representando a abundância de frutos da Natureza que se apresenta com a conclusão do trabalho alquímico. Vemos uma única rosa caindo, despejando cinco pétalas em direção à chama e à gota de água no tronco de árvore com a fonte e o novo broto. Junto dessa cornucópia temos uma ampulheta, apontando que, como resultado de todos esses processos cíclicos – a Árvore que se consome, o Ouroboros e a fonte circulante no tronco da árvore que se regenera –, chega-se a um tempo em que o processo encontra a sua fruição.

A mandala parece colocar diante de nós, para nossa contemplação, o fato de que o caminho para a consciência espiritual por intermédio da alquimia envolve um encontro com o paradoxal. Aqueles que são feitos para a obra alquímica devem ter a capacidade de incorporar o paradoxo e de integrá-lo ao seu próprio ser.

MANDALA 29

Lâmina Um: *Concepção Hermética do Cosmos.*
Lâmina Dois: *A Natureza Cósmica dos Metais: Cadeia de Analogias dos Planetas aos Órgãos, Mas Também dos Seres Angélicos aos Metais – As Respectivas Atribuições*

Existem duas gravuras de grande interesse contidas na obra médico-alquímica de Malachias Geiger, *Microcosmus Hypochondriacus*, Munique, 1652. Embora as gravuras de autoria de Wolfgang Kilian derivem seu simbolismo das lâminas gravadas de Mattäus Merian sob o título "The All-Wise Doorkeeper" ["O Guardião Onisciente dos Portões"], incluídas no *Musaeum Hermeticum, Reformatum et Amplificatum*, de 1625 (uma das quais, por sua vez, foi usada originalmente por Daniel Mylius em seu *Opus Medico-Chemicum* de 1618), ambas são bem executadas, retrabalhando as mandalas segundo uma nova concepção.

O primeiro emblema (o de número cinco no *Microcosmus Hypochondriacus*) destina-se à preparação química do ouro potável, o elixir dourado. Trata-se de uma mandala que ilustra claramente a concepção hermética do cosmos; vemos nela o mundo estrelado por sobre as nuvens com os arquétipos planetários e os dois anjos apontando para a Trindade: Jeová, o Pai; o Cordeiro; a Pomba branca do Espírito. Entre os dois anjos podemos ver as inscrições: "Tudo tem origem no Uno, Tudo no Uno, Tudo através do Uno". As influências desse mundo estrelado são emanadas para baixo, em direção ao plano terreno. Sob a Árvore da Vida, vemos uma mulher com a legenda *Sapientia* e a máxima *Sapiens Dominabitur Astris* – "O sábio será comandado pelos astros". (É interessante ressaltar que essa era a máxima mágica da suposta *Fraulein Sprengel*, mencionada no manuscrito

Lâmina Dois: *Concepção Hermética do Cosmos*. Lâmina um, a de número cinco na obra *Microcosmus Hypochondriacus*, de Malachias Geiger, Munique, 1652.

Lâmina Dois: *A Natureza Cósmica dos Metais: cadeia de analogias dos planetas aos órgãos, mas também dos seres angélicos aos metais – as respectivas atribuições.* **Lâmina dois**, a de número quatro na obra *Microcosmus Hypochondriacus*, de Malachias Geiger, Munique, 1652.

cifrado da Ordem Hermética da Aurora Dourada, a adepta que transmitiu os rituais da ordem e o conhecimento hermético.)

A Árvore da Vida carrega os sete metais e os doze metaloides alquímicos que também aparecem na lâmina de Merian (para uma descrição detalhada, ver a Mandala 5). Vemos duas montanhas, uma em cada lado da árvore, a da esquerda com a Fênix do Fogo e do Ar, assinalando a Via Seca, e a da direita com uma Águia da Água e da Terra, assinalando a Via Úmida. Esses também são extraídos do trabalho de Merian.

Abaixo da montanha do Fogo, vemos os pássaros alquímicos – o Pavão, o Cisne Branco ou Ganso e o Corvo Negro – com a máxima "Eu sou o Negro, o Branco, o Amarelo e o Vermelho". Atrás da figura de Sofia – Sabedoria, dois caçadores são vistos matando um dragão alado, ou pássaro.

No topo da montanha da "via úmida" à direita, vemos um pelicano no ato sacrifical de alimentar seu filhote com o próprio sangue. Uma tabuleta com a reunião dos três princípios, Enxofre-Mercúrio-Sal promete "Uma vida longa, pacata, saudável, de glória e infinitas riquezas". Vemos numa gruta abaixo dessa montanha as figuras do Sol e da Lua (o Sol com o Leão e a Lua com a Leoa), aproximando-se do laboratório alquímico, onde encontram Mercúrio com o seu caduceu, seu elmo e suas sandálias aladas.

Por meio de sua máxima, a figura de Sofia debaixo da árvore sugere seu conhecimento da dimensão Superior; contudo, ela também faz um gesto horizontal com seu cetro, em direção à gruta da alquimia, o trabalho espiritual do Mundo Inferior.

A segunda lâmina é o quarto emblema do *Microcosmus Hypochondriacus*. É quase uma cópia fiel da lâmina de Merian que aparece em *O Sábio Guardião da Porta, ou uma Figura Quádrupla Exibindo a Ciência Hermética das Coisas Acima e Abaixo* (ilustrado abaixo), porém, também está relacionada formalmente com seu emblema-irmão existente no *Microcosmus*. Nesse, o emblema de número quatro, os dois anjos têm os olhos diretamente voltados para o divino mundo dos arquétipos no alto, enquanto, no emblema de número cinco, eles olham para fora, na direção do mundo terreno que está embaixo. O globo abaixo deles é o mundo dos elementos e a Esfera da Natureza, trazendo dentro de si uma multiplicidade de correspondências – os Planetas, os Anjos e os órgãos vitais humanos. Ela também apresenta, em sua circunferência, os signos zodiacais, com os meses, as quatro estações e os humores, enquanto, próximo ao centro, temos as Artes Liberais, aqui ampliadas de sete para doze, a fim de preservar as correspondências numéricas.

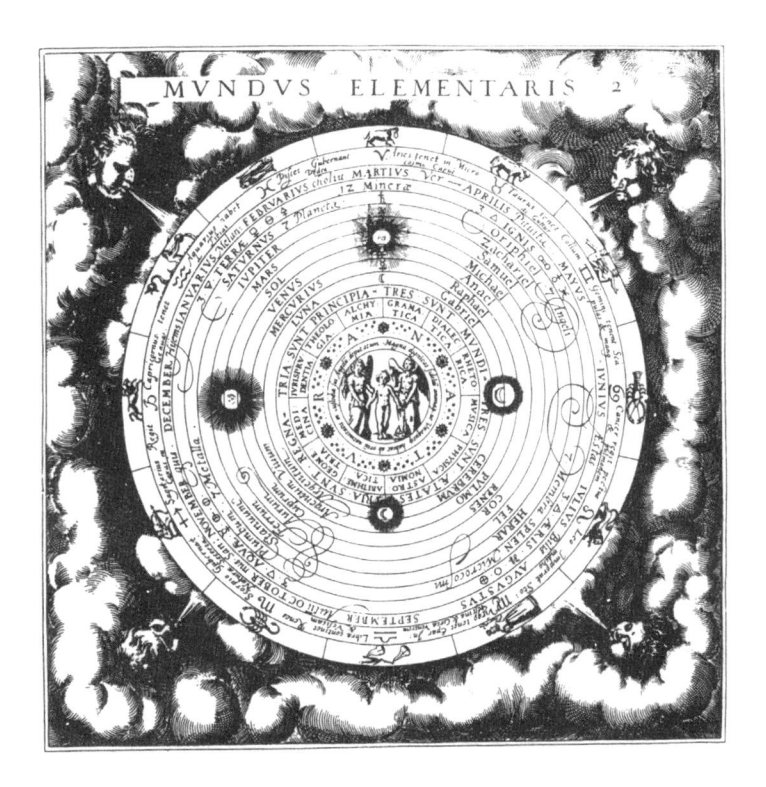

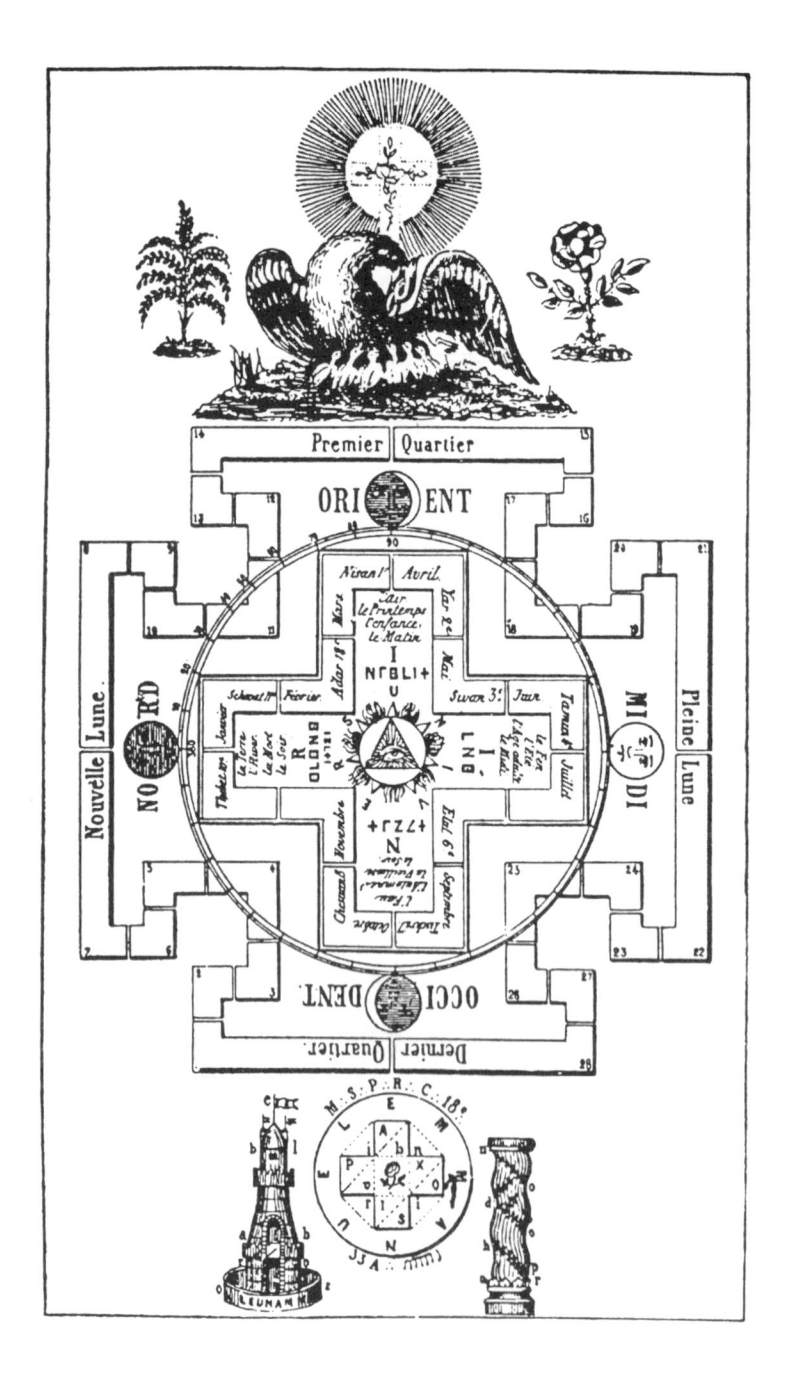

A Cruz Filosófica, ou Planta do Terceiro Templo. Imagem feita a partir da ilustração de Éliphas Lévi, publicada em sua obra *História da Magia – Com uma Exposição Clara e Precisa de seus Processos, Ritos e Mistérios*, de 1859.

MANDALA 30

A Cruz Filosófica, ou Planta do Terceiro Templo, a Partir da Ilustração de Éliphas Lévi

Essa mandala aparece como uma ilustração nos escritos de Éliphas Lévi, do final do século XIX, e, tal como muitas das lâminas que ilustram suas obras, essa foi obviamente inspirada no simbolismo da tradição hermética.

A figura já foi descrita como uma planta do Templo de Salomão; essa interpretação, entretanto, não resiste a uma análise detalhada, pois o que temos aqui é certamente um emblema maçônico rosa-cruz. A mandala está dividida em três áreas distintas, cada qual contendo uma cruz: a área inferior, com a torre e o pilar; o domínio superior com o pelicano sobrepujado pela Rosa-cruz; e a região intermediária, que se encontra inscrita numa borda cuja forma nos remete aos iantras e mandalas da tradição hindu e budista (o Shri Yantra, por exemplo, aparece nessa borda). O espaço interno é dividido em 28 seções, representando as 28 Casas da Lua; vemos, ainda, as quatro fases da Lua e o círculo dividido em 360 graus. Trata-se, aqui, do círculo do zodíaco, com os doze meses (em suas denominações francesa e hebraica), que contém, em seu interior, uma cruz dos quatro elementos. No centro dessa cruz, há um olho num triângulo. As letras ao redor indicam o Universo ou o Mundo, sendo que no lado interior dela está desenhada uma estrela de sete pontas. Em volta da cruz, também, se veem as iniciais sagradas I. N. R. I. (*Iesus Nazarenus Rex Iudaeorum*) por vezes interpretadas nos círculos rosa-cruzes por *Igne Natura Renovatur Integra* ("A Natureza é renovada integralmente pelo Fogo").

Fundamentalmente, a mandala é uma representação do mundo, visto como uma junção das energias da Lua em suas quatro fases. A Lua transmite a luz do Sol para o mundo por meio de suas fases rítmicas, que continuamente se entrelaçam com as fases da vida: o radiante quarto crescente representa a infância; a Lua cheia representa a maturidade; a pálida Lua minguante representa a velhice; e a Lua nova representa a morte. Temos aqui o traçado de um paralelo com a morte-ressurreição de Cristo na Cruz, o que é refletido, acima, no símbolo do pelicano alimentando seus sete filhotes com o próprio sangue. A imagem aparece emoldurada pela Rosa e pelo Lírio.

É tentador interpretar a torre e o pilar como Joachin e Boaz, os pilares do Templo de Salomão. Entretanto, a torre à esquerda parece pertencer mais a um castelo medieval, enquanto o pilar à direita é uma imagem mais convencional do pilar de Boaz. Entre esses dois elementos, temos uma figura circular contendo a palavra "Immanuel", e uma cruz com uma Rosa no centro. Parece haver aqui uma referência ao antigo e aceito ritual escocês da Franco-Maçonaria do século XVIII, o grau Rosa-Cruz, com o símbolo (em notação musical) da senha de sete batidas na parte inferior. (Esse caráter sétuplo está refletido na estrela de sete pontas e nos sete filhotes do pelicano.) É interessante observar que, na Ordem Rosa-Cruz, o neófito recebe, em determinado momento, o título de "Cavaleiro do Pelicano e da Águia", recebendo posteriormente a palavra I. N. R. I., que figura em diversas partes desse emblema em particular. A mandala, portanto, parece refletir a essência espiritual do cerimonial rosa-cruz dessa modalidade particular de trabalho franco-maçônico, ritual estruturado com base nas ideias herméticas e rosa-cruzes.